Shakespeare | Wie es euch gefällt

William Shakespeare
Wie es euch gefällt

Übersetzt von August Wilhelm Schlegel
Herausgegeben von Dietrich Klose

Reclam

Englischer Originaltitel: As You Like It

RECLAMS UNIVERSAL-BIBLIOTHEK Nr. 469
1964, 2014 Philipp Reclam jun. GmbH & Co. KG,
Siemensstraße 32, 71254 Ditzingen
info@reclam.de
Durchgesehene Ausgabe 2014
Gestaltung: Cornelia Feyll, Friedrich Forssman
Druck und Bindung: Elanders Waiblingen GmbH,
Anton-Schmidt-Straße 15, 71332 Waiblingen
Printed in Germany 2025
RECLAM, UNIVERSAL-BIBLIOTHEK und
RECLAM UNIVERSAL-BIBLIOTHEK sind eingetragene Marken
der Philipp Reclam jun. GmbH & Co. KG, Stuttgart
ISBN 978-3-15-000469-2
reclam.de

Personen

DER HERZOG, *in der Verbannung*
FRIEDRICH, *Bruder des Herzogs und Usurpator seines Gebiets*
AMIENS } *Edelleute, die den Herzog*
JAQUES } *in der Verbannung begleiten*
LE BEAU, *ein Hofmann in Friedrichs Diensten*
CHARLES, *Friedrichs Ringer*
OLIVER
JAQUES } *Söhne des Freiherrn Roland de Boys*
ORLANDO
ADAM } *Bediente Olivers*
DENNIS
PROBSTEIN, *der Narr*
EHRN OLIVARIUS TEXTDREHER, *ein Pfarrer*
CORINNUS } *Schäfer*
SILVIUS
WILHELM, *ein Bauerbursche, in Käthchen verliebt*
Eine Person, die den HYMEN *vorstellt*
ROSALINDE, *Tochter des vertriebnen Herzogs*
CELIA, *Friedrichs Tochter*
PHÖBE, *eine Schäferin*
KÄTHCHEN, *ein Bauermädchen*
Edelleute der beiden Herzoge, Pagen, Jäger und andres Gefolge

Die Szene ist anfänglich bei Olivers Hause; nachher teils am Hofe des Usurpators, teils im Ardenner Wald.

Erster Akt

Erste Szene

Olivers Garten.
Orlando und Adam treten auf.

ORLANDO. Soviel ich mich erinnre, Adam, war es folgendergestalt. Er vermachte mir im Testament nur ein armes Tausend Kronen und, wie du sagst, schärfte meinem Bruder bei seinem Segen ein, mich gut zu erziehn, und da hebt mein Kummer an. Meinen Bruder Jakob[1] unterhält er auf der Schule, und das Gerücht sagt goldne Dinge von ihm. Was mich betrifft, mich zieht er bäurisch zu Hause auf, oder eigentlicher zu sagen, behält mich unerzogen hier zu Hause. Denn nennt Ihr das Erziehung für einen Edelmann von meiner Geburt, was vor der Stallung eines Ochsen nichts voraus hat? Seine Pferde werden besser besorgt: denn außer dem guten Futter lernen sie auch ihre Schule, und zu dem Ende werden Bereiter teuer bezahlt; aber ich, sein Bruder, gewinne nichts bei ihm als Wachstum, wofür seine Tiere auf dem Mist ihm ebenso verpflichtet sind wie ich. Außer diesem Nichts, das er mir im Überfluss zugesteht, scheint sein Betragen das Etwas, welches die Natur mir gab, von mir zu nehmen: er lässt mich mit seinen Knechten essen, versperrt mir den brüderlichen Platz, und, soviel an ihm liegt, untergräbt er meinen angebornen Adel durch meine Erziehung. Das ist's,

---

1 Jaques

Adam, was mich betrübt, und der Geist meines Vaters, der, denke ich, auf mir ruht, fängt an, sich gegen diese Knechtschaft aufzulehnen. Ich will sie nicht länger ertragen, wiewohl ich noch kein kluges Mittel weiß, ihr zu entgehen.

ADAM. Dort kommt mein Herr, Euer Bruder.

(Oliver tritt auf.)

ORLANDO. Geh beiseit, Adam, und du sollst hören, wie er mich anfährt.

OLIVER. Nun, Junker, was macht Ihr hier?

ORLANDO. Nichts. Man hat mich nicht gelehrt, irgend etwas zu machen.

OLIVER. Was richtet Ihr denn zugrunde?

ORLANDO. Ei, Herr, ich helfe Euch zugrunde richten, was Gott gemacht hat, Euren armen unwerten Bruder, mit Nichtstun.

OLIVER. Beschäftigt Euch besser, schert Euch zum Teufel.

ORLANDO. Soll ich Eure Schweine hüten und Trebern mit ihnen essen? Welches verlornen Sohns Erbteil habe ich durchgebracht, dass ich in solch Elend geraten musste?

OLIVER. Wisst Ihr, wo Ihr seid, Herr?

ORLANDO. O Herr, sehr gut! hier in Eurem Baumgarten.

OLIVER. Wisst Ihr, vor wem Ihr steht?

ORLANDO. Ja, besser als der mich kennt, vor dem ich stehe. Ich kenne Euch als meinen ältesten Bruder, und nach den sanften Banden des Bluts solltet Ihr mich ebenso kennen. Die Begünstigung der Nationen gesteht Euch Vorrechte vor mir zu, weil Ihr der Erstgeborne seid, aber derselbe Gebrauch beraubt mich meines Blutes nicht, wären auch zwanzig Brüder zwischen uns. Ich habe so viel vom Vater in mir als Ihr, obwohl Ihr der Verehrung, die ihm gebührt, näher seid, weil Ihr früher kamt.

OLIVER. Was, Knabe?

ORLANDO. Gemach, gemach, ältester Bruder! Dazu seid Ihr zu jung.

OLIVER. Willst du Hand an mich legen, Schurke?

ORLANDO. Ich bin kein Schurke: ich bin der jüngste Sohn des Freiherrn Roland de Boys. Er war mein Vater, und der ist dreifach ein Schurke, der da sagt, solch ein Vater konnte Schurken zeugen. Wärst du nicht mein Bruder, so ließe meine Hand deine Kehle nicht los, bis diese andere dir die Zunge für dies Wort ausgerissen hätte. Du hast dich selbst gelästert.

ADAM. Liebe Herren, seid ruhig! um des Andenkens Eures Vaters willen, seid einträchtig!

OLIVER. Lass mich gehn, sag ich.

ORLANDO. Nicht eher bis mir's gefällt: Ihr sollt mich anhören. Mein Vater legte Euch in seinem Testament auf, mir eine gute Erziehung zu geben. Ihr habt mich wie einen Bauern großgezogen, habt alle Eigenschaften, die einem Edelmann zukommen, vor mir verborgen und verschlossen gehalten. Der Geist meines Vaters wird mächtig in mir, und ich will es nicht länger erdulden, darum gesteht mir solche Übungen zu, wie sie dem Edelmann geziemen, oder gebt mir das geringe Teil, das mir mein Vater im Testament hinterließ, so will ich mein Glück damit versuchen.

OLIVER. Und was willst du anfangen? Betteln, wenn das durchgebracht ist? Gut, geht nur hinein, ich will mich nicht lange mit Euch quälen, Ihr sollt zum Teil Euren Willen haben[2]: ich bitt Euch, lasst mich nur.

ORLANDO. Ich will Euch nicht weiter belästigen, als mir für mein Bestes notwendig ist.

OLIVER. Packt Euch mit ihm, alter Hund.

ADAM. Ist »alter Hund« mein Lohn? Doch es ist wahr, die Zähne sind mir in Eurem Dienst ausgefallen. – Gott segne meinen alten Herrn, er hätte solch ein Wort nicht gesprochen.

(Orlando und Adam ab.)

OLIVER. Steht es so? Fängst du an, mir über den Kopf zu wachsen? Ich will dir den Kitzel vertreiben und die tausend Kronen doch nicht geben. He, Dennis!

(Dennis kommt.)

DENNIS. Rufen Euer Gnaden?

OLIVER. Wollte nicht Charles, des Herzogs Ringer, mit mir sprechen?

DENNIS. Wenn es Euch beliebt, er ist hier an der Tür und bittet sehr um Zutritt zu Euch.

OLIVER. Ruft ihn herein. *(Dennis ab.)* Das wird eine gute Auskunft sein, und morgen ist der Wettkampf schon.

(Charles kommt.)

CHARLES. Euer Gnaden guten Morgen.

OLIVER. Guter Monsieur Charles! – Was sind die neuesten Neuigkeiten am neuen Hof?

CHARLES. Keine Neuigkeiten am Hof als die alten, nämlich dass der alte Herzog von seinem jüngeren Bruder, dem neuen Herzog, vertrieben ist, und drei oder vier ge-

---

2 *some part of your will* könnte auch heißen: »einen Teil Eures Erbes«.

treue Herren haben sich in freiwillige Verbannung mit ihm begeben; ihre Ländereien und Einkünfte bereichern den neuen Herzog, darum gibt er ihnen gern Erlaubnis zu wandern.

OLIVER. Könnt Ihr mir sagen, ob Rosalinde, des Herzogs Tochter, mit ihrem Vater verbannt ist?

CHARLES. O nein, denn des Herzogs Tochter, ihre Muhme, liebt sie so, da sie von der Wiege an zusammen aufgewachsen sind, dass sie ihr in die Verbannung gefolgt oder gestorben wäre, wenn sie hätte zurückbleiben müssen. Sie ist am Hofe, und der Oheim liebt sie nicht weniger als seine eigne Tochter. Niemals haben sich zwei Frauen mehr geliebt als sie.

OLIVER. Wo wird sich der alte Herzog aufhalten?

CHARLES. Sie sagen, er ist bereits im Ardenner Wald und viele lustige Leute mit ihm, und da leben sie wie Zigeunervolk[3]. Es heißt, viele junge Leute strömen ihm täglich zu und versausen sorglos die Zeit wie im goldnen Alter.

OLIVER. Sagt, werdet Ihr morgen vor dem Herzoge ringen?

CHARLES. Ganz gewiss, Herr, und ich komme, Euch etwas zu eröffnen. Man hat mich unter der Hand benachrichtigt, dass Euer jüngster Bruder Orlando gewillt ist, gegen mich verkleidet einen Gang zu wagen. Morgen, Herr, ringe ich für meinen Ruhm, und wer ohne zerbrochne Gliedmaßen davonkommt, wird von Glück zu sagen haben. Euer Bruder ist jung und zart, und um Euretwillen sollte es mir leidtun, ihn so zuzurichten, wie ich doch

---

3 *the old Robin Hood of England:* legendäre Figur in normannischer Zeit, Helfer der Menschen.

meiner eignen Ehre wegen müsste, wenn er sich stellt. Darum kam ich aus Liebe zu Euch her, Euch Nachricht davon zu geben, damit Ihr ihn entweder von seinem Vorhaben zurückhaltet oder nicht übelnehmt, was über ihn ergeht, weil er sich's doch selber zugezogen hat und es ganz gegen meinen Willen geschieht.

OLIVER. Charles, ich danke dir für deine Liebe zu mir, die ich freundlichst vergelten will, wie du sehn sollst. Ich habe selbst einen Wink von meines Bruders Absicht hierauf bekommen und unter der Hand gearbeitet, ihn davon abzubringen, aber er ist entschlossen. Ich muss dir sagen, Charles, – er ist der hartnäckigste junge Bursch in Frankreich, voll Ehrgeiz, ein neidischer Nebenbuhler von jedermanns Gaben, ein heimlicher und niederträchtiger Ränkemacher gegen mich, seinen leiblichen Bruder. Darum tu nach Gefallen: mir wär's so lieb, du brächest ihm den Hals als die Finger; und du magst dich nur vorsehn, denn wenn du ihm nur eine geringe Schmach zufügst oder wenn er keine große Ehre an dir einlegen kann, so wird er dir mit Gift nachstellen, dich durch irgendeine Verräterei fangen und nicht von dir lassen, bis er dich auf diese oder jene Weise ums Leben gebracht hat: denn ich versichre dir – und fast mit Tränen sage ich es –, es lebt kein Mensch auf Erden, der so jung und so verrucht wäre. Ich spreche noch brüderlich von ihm; sollte ich ihn dir zergliedern, so wie er ist, so müsste ich erröten und weinen, und du müsstest blass werden und erstaunen.

CHARLES. Ich bin herzlich erfreut, dass ich zu Euch kam. Stellt er sich morgen ein, so will ich ihm seinen Lohn geben. Wenn er je wieder auf die Beine kommt, so will ich mein Lebtag nicht wieder um den Preis ringen. Gott behüte Euer Gnaden. *(Ab.)*

OLIVER. Lebt wohl, guter Charles. – Nun will ich den Abenteurer anspornen. Ich hoffe sein Ende zu erleben, denn meine Seele, ich weiß nicht warum, hasset nichts so sehr als ihn. Doch ist er von sanftem Gemüt, nicht belehrt und dennoch unterrichtet, voll edlen Trachtens, von jedermann bis zur Verblendung geliebt; und in der Tat so fest im Herzen der Leute, besonders meiner eignen, die ihn am besten kennen, dass ich darüber ganz gering geschätzt werde. Aber so soll es nicht lange sein – dieser Ringer soll alles ins Reine bringen. Es bleibt nichts zu tun übrig, als dass ich den Knaben dorthin hetze, was ich gleich ins Werk richten will. *(Ab.)*

Zweite Szene

Eine Esplanade vor des Herzogs Palast.
Rosalinde und Celia treten auf.

CELIA. Ich bitte dich, Rosalinde, liebes Mühmchen, sei lustig.

ROSALINDE. Liebe Celia, ich zeige mehr Fröhlichkeit, als ich in meiner Gewalt habe, und du wolltest dennoch, dass ich noch lustiger wäre? Kannst du mich nicht lehren, einen verbannten Vater zu vergessen, so musst du nicht verlangen, dass mir eine ungewöhnliche Lust in den Sinn kommen soll.

CELIA. Daran sehe ich, dass du mich nicht in so vollem Maße liebst, wie ich dich liebe. Wenn mein Oheim, dein verbannter Vater, deinen Oheim, den Herzog, meinen Vater, verbannt hätte, und du wärst immer bei mir geblieben, so hätte ich meine Liebe gewöhnen können, deinen Vater als den meinigen anzusehn. Das würdest du auch tun, wenn deine Liebe zu mir von so echter Beschaffenheit wäre als die meinige zu dir.

ROSALINDE. Gut, ich will meinen Glücksstand vergessen, um mich an deinem zu erfreun.

CELIA. Du weißt, mein Vater hat kein Kind außer mir und auch keine Aussicht, eins zu bekommen; und wahrlich, wenn er stirbt, sollst du seine Erbin sein: denn was er deinem Vater mit Gewalt genommen, will ich dir in Liebe wiedergeben. Bei meiner Ehre, das will ich, und wenn ich meinen Eid breche, mag ich zum Ungeheuer werden! Darum, meine süße Rose, meine liebe Rose, sei lustig.

ROSALINDE. Das will ich von nun an, Mühmchen, und auf Späße denken. Lass sehen, was hältst du vom Verlieben?

CELIA. Ei ja, tu's, um Spaß damit zu treiben. Aber liebe keinen Mann in wahrem Ernst, auch zum Spaß nicht weiter, als dass du mit einem unschuldigen Erröten in Ehren wieder davonkommen kannst.

ROSALINDE. Was wollen wir denn für Spaß haben?

CELIA. Lass uns sitzen und die ehrliche Hausmutter Fortuna von ihrem Rade weglästern, damit ihre Gaben künftig gleicher ausgeteilt werden mögen.

ROSALINDE. Ich wollte, wir könnten das: denn ihre Wohltaten sind oft gewaltig übel angebracht, und am meisten versieht sich die freigebige blinde Frau mit ihren Geschenken an Frauen.

CELIA. Das ist wahr; denn die, welche sie schön macht,

macht sie selten ehrbar, und die, welche sie ehrbar macht, macht sie sehr hässlich.

ROSALINDE. Nein, da gehst du über von Fortunens Amt zu dem der Natur: Fortuna herrscht in den weltlichen Gaben, nicht in den Zügen der Natur.

(Probstein kommt.)

CELIA. Nicht? wenn die Natur ein schönes Geschöpf gemacht hat, kann es Fortuna nicht ins Feuer fallen lassen? – Wiewohl uns die Natur Witz genug verliehen hat, um des Glücks[4] zu spotten, schickt es nicht diesen Narren herein, dem Gespräch ein Ende zu machen?

ROSALINDE. In der Tat, da ist das Glück der Natur zu mächtig, wenn es durch einen natürlichen Einfaltspinsel dem natürlichen Witz ein Ende macht.

CELIA. Wer weiß, auch dies ist nicht das Werk des Glücks, sondern der Natur, die unsern natürlichen Witz zu albern findet, um über solche Göttinnen zu klügeln, und uns diesen Einfältigen zum Schleifstein geschickt hat; denn immer ist die Albernheit des Narren der Schleifstein der Witzigen. – Nun, Witziger? wohin wanderst du?

PROBSTEIN. Fräulein, Ihr müsst zu Eurem Vater kommen.

CELIA. Seid Ihr als Bote abgeschickt?

PROBSTEIN. Nein, auf meine Ehre, man hieß mich nur nach Euch gehn.

ROSALINDE. Wo hast du den Schwur gelernt, Narr?

PROBSTEIN. Von einem gewissen Ritter, der bei seiner

---

4 *Fortune*: Statt »Glück« ist hier und im folgenden stets weiter »Fortuna« zu denken, also der personifizierte Gegensatz Fortuna/Natur.

Ehre schwur, die Pfannkuchen wären gut, und bei seiner Ehre schwur, der Senf wäre nichts nutz. Nun behaupte ich, die Pfannkuchen waren nichts nutz und der Senf gut, und doch hatte der Ritter nicht falsch geschworen.

CELIA. Wie beweiset Ihr das in der Hülle und Fülle Eurer Gelahrtheit?

ROSALINDE. Ei ja, nun nehmt Eurer Weisheit den Maulkorb ab.

PROBSTEIN. Tretet beide vor, streicht Euer Kinn und schwört bei Euren Bärten, dass ich ein Schelm bin.

CELIA. Bei unsern Bärten, wenn wir welche hätten, du bist einer.

PROBSTEIN. Bei meiner Schelmerei, wenn ich sie hätte, dann wär' ich einer. Aber wenn Ihr bei dem schwört, was nicht ist, so habt Ihr nicht falsch geschworen; ebenso wenig der Ritter, der auf seine Ehre schwur, denn er hatte niemals welche, oder wenn auch, so hatte er sie längst weggeschworen, ehe ihm diese Pfannkuchen und der Senf zu Gesicht kamen.

CELIA. Ich bitte dich, wen meinst du?

PROBSTEIN. Einen, den der alte Friedrich, Euer Vater, liebt.

CELIA. Meines Vaters Liebe reicht hin, ihm zu Ehre zu verhelfen. Genug, sprecht nicht mehr von ihm; Ihr werdet gewiss nächstens einmal für Euren bösen Leumund gestäupt.

PROBSTEIN. Desto schlimmer, dass Narren nicht mehr weislich sagen dürfen, was weise Leute närrisch tun.

CELIA. Meiner Treu, du sagst die Wahrheit: denn seit das bisschen Witz, das die Narren haben, zum Schweigen gebracht worden ist, so macht das bisschen Narrheit, das weise Leute besitzen, große Parade. Da kommt Monsieur Le Beau.

(Le Beau tritt auf.)

ROSALINDE. Den Mund voll von Neuigkeiten.

CELIA. Die er uns zukommen lassen wird, wie Tauben ihre Jungen füttern.

ROSALINDE. Da werden wir also mit Neuigkeiten gemästet.

CELIA. Desto besser, so stehn wir ansehnlicher zu Markt. Guten Morgen, Monsieur Le Beau! was gibt es Neues?

LE BEAU. Schöne Prinzessin, Euch ist ein guter Spaß entgangen.

CELIA. Ein Spaß? wohin?[5]

LE BEAU. Wohin, Madame? wie soll ich das beantworten?

ROSALINDE. Wie es Witz und Glück verleihen.

PROBSTEIN. Oder wie das Verhängnis beschließt.

CELIA. Gut gesagt! Das war wie mit der Kelle angeworfen.

PROBSTEIN. Ja, wenn ich meinen Geschmack nicht behaupte –

ROSALINDE. So verlierst du deinen alten Beischmack.

LE BEAU. Ihr bringt mich aus der Fassung, meine Damen. Ich wollte Euch von einem wackern Ringen erzählen, das Ihr versäumt habt, mit anzusehn.

ROSALINDE. Sagt uns doch, wie es dabei herging.

LE BEAU. Ich will Euch den Anfang erzählen, und wenn es Euer Gnaden gefällt, könnt Ihr das Ende ansehn; denn das Beste muss noch geschehen, und sie kommen hieher, wo Ihr seid, um es auszuführen.

CELIA. Gut, den Anfang, der tot und begraben ist.

---

5 *of what colour?* (welcher Farbe, Art?)

LE BEAU. Es kam ein alter Mann mit seinen drei Söhnen, –

CELIA. Ich weiß ein altes Märchen, das so anfängt.

LE BEAU. Drei stattliche junge Leute, vortrefflich gewachsen und männlich –

ROSALINDE. Mit Zetteln am Halse: »Kund und zu wissen sei männiglich« –

LE BEAU. Der älteste unter den dreien rang mit Charles, des Herzogs Ringer. Charles warf ihn in einem Augenblick nieder und brach ihm drei Rippen entzwei, so dass fast keine Hoffnung für sein Leben ist; ebenso richtete er den zweiten und den dritten zu. Dort liegen sie, und der arme alte Mann, ihr Vater, erhebt eine so jämmerliche Wehklage über sie, dass alle Zuschauer ihm mit Weinen beistehn.

ROSALINDE. Ach!

PROBSTEIN. Aber welches ist der Spaß, Herr, der den Damen entgangen ist?

LE BEAU. Nun, der, wovon ich spreche.

PROBSTEIN. So wird man alle Tage klüger! Das ist das erste, was ich höre, dass Rippen-Entzweibrechen ein Spaß für Damen ist.

CELIA. Ich auch, das versichre ich dir.

ROSALINDE. Aber ist denn noch jemand da, den danach lüstet, sich mit dieser Musik die Seiten sprengen zu lassen?[6] Ist noch sonst wer auf zerbrochne Rippen erpicht? – Sollen wir das Ringen mit ansehn, Muhme?

LE BEAU. Ihr müsst, wenn Ihr hier bleibt, denn sie haben

---

6 *to see this broken music in his sides*: Sinn umstritten; »broken music« könnte »gebrochene Akkorde« oder »zerbrochene Musikinstrumente« bezeichnen.

diesen Platz zum Kampfe gewählt: er wird gleich vor sich gehn.

CELIA. Wirklich, dort kommen sie. Lass uns nun bleiben und zusehn.

(Trompetenstoß. Herzog Friedrich, Herren vom Hofe, Orlando, Charles und Gefolge.)

HERZOG FRIEDRICH. Wohlan! Da der junge Mensch nicht hören will, so mag er auf seine eigne Gefahr vorwitzig sein.

ROSALINDE. Ist der dort der Mann?

LE BEAU. Das ist er, mein Fräulein.

CELIA. Ach, er ist zu jung, doch hat er ein siegreiches Ansehn.

HERZOG FRIEDRICH. Ei, Tochter und Nichte? Seid ihr hieher geschlichen, um das Ringen zu sehn?

ROSALINDE. Ja, mein Fürst, wenn Ihr uns gütigst erlaubt.

HERZOG FRIEDRICH. Ihr werdet wenig Vergnügen daran finden, das kann ich euch sagen: das Paar ist zu ungleich. Aus Mitleid mit des Ausforderers Jugend möchte ich ihn gern davon abbringen, allein er lässt sich nicht raten; sprecht mit ihm, Fräuleins, seht, ob ihr ihn bewegen könnt.

CELIA. Ruft ihn hieher, guter Monsieur Le Beau.

HERZOG FRIEDRICH. Tut das, ich will nicht dabei sein.

(Der Herzog entfernt sich.)

LE BEAU. Herr Ausforderer, die Prinzessinnen verlangen Euch zu sprechen.

ORLANDO. Ich bin ehrerbietigst zu ihrem Befehl.

ROSALINDE. Junger Mann, habt Ihr Charles, den Ringer, herausgefordert?

ORLANDO. Nein, schöne Prinzessin; er ist der allgemeine

Ausforderer, ich komme bloß wie andre auch, die Kräfte meiner Jugend gegen ihn zu versuchen.

CELIA. Junger Mann, Euer Mut ist zu kühn für Eure Jahre. Ihr habt einen grausamen Beweis von der Stärke dieses Menschen gesehn: wenn Ihr Euch selbst mit Euren Augen sähet oder mit Eurem Urteil erkenntet, so würde Euch die Furcht vor dem Ausgange ein gleicheres Wagstück anraten. Wir bitten Euch um Eurer selbst willen, an Eure Sicherheit zu denken und das Unternehmen aufzugeben.

ROSALINDE. Tut das, junger Mann; Euer Ruf soll deswegen nicht herabgesetzt werden. Es soll unser Gesuch beim Herzoge sein, dass das Ringen nicht vor sich gehe.

ORLANDO. Ich beschwöre Euch, straft mich nicht mit Euren nachteiligen Gedanken, ich erkenne mich selbst für schuldig, dass ich so schönen und vortrefflichen Fräulein irgend etwas verweigere. Lasst nur Eure schönen Augen und freundlichen Wünsche mich zu meiner Prüfung geleiten. Wenn ich zu Boden geworfen werde, so kommt nur Schmach über jemand, der noch niemals in Ehren war; wenn umgebracht, so ist nur jemand tot, der sich nichts anders wünscht. Ich werde meinen Freunden kein Leid zufügen, denn ich habe keine, mich zu beweinen; und der Welt keinen Nachteil, denn ich besitze nichts in ihr: ich fülle in der Welt nur einen Platz aus, der besser besetzt werden kann, wenn ich ihn räume.

ROSALINDE. Ich wollte, das bisschen Stärke, das ich habe, wäre mit Euch.

CELIA. Meine auch, um ihre zu ergänzen.

ROSALINDE. Fahrt wohl! Gebe der Himmel, dass ich mich in Euch betrüge.

CELIA. Eures Herzens Wunsch werde Euch zuteil.

CHARLES. Wohlan, wo ist der junge Held, dem so danach gelüstet, bei seiner Mutter Erde zu liegen?

ORLANDO. Hier ist er, Herr, aber sein Wille hegt eine anständigere Absicht.

HERZOG FRIEDRICH. Ihr sollt nur einen Gang machen.

CHARLES. Ich stehe Euer Hoheit dafür, Ihr werdet ihn nicht zu einem zweiten bereden, nachdem Ihr ihn so dringend vom ersten abgemahnt habt.

ORLANDO. Ihr denkt nachher über mich zu spotten, so braucht Ihr's nicht vorher zu tun. Doch kommt zur Sache.

ROSALINDE. Nun, Herkules steh' dir bei, junger Mann!

CELIA. Ich wollte, ich wäre unsichtbar, um dem starken Manne das Bein unterweg ziehen zu können.

(Charles und Orlando ringen.)

ROSALINDE. O vortrefflicher junger Mann!

CELIA. Hätte ich einen Donnerkeil in meinen Augen, so weiß ich, wer zu Boden sollte.

(Charles wird zu Boden geworfen. Jubelgeschrei.)

HERZOG FRIEDRICH. Nicht weiter! nicht weiter!

ORLANDO. Ja, wenn es Euer Hoheit beliebt: ich habe noch keinen Odem wieder.

HERZOG FRIEDRICH. Wie steht's mit dir, Charles?

LE BEAU. Er kann nicht sprechen, mein Fürst.

HERZOG FRIEDRICH. Tragt ihn weg. Wie ist dein Name, junger Mensch?

ORLANDO. Orlando, mein Fürst, der jüngste Sohn des Freiherrn Roland de Boys.

HERZOG FRIEDRICH.

Ich wollt', du wärst sonst jemands Sohn gewesen.
Die Welt hielt deinen Vater ehrenwert,

Doch ich erfand ihn stets als meinen Feind.
Du würdst mir mehr mit dieser Tat gefallen,
Wenn du aus einem andern Hause stammtest.
Doch fahre wohl; du bist ein wackrer Jüngling;
Hättst du 'nen andern Vater nur genannt.
(Herzog Friedrich mit Gefolge und Le Beau ab.)

CELIA. Wär' ich mein Vater, Mühmchen, tät' ich dies?

ORLANDO. Ich bin weit stolzer, Rolands Sohn zu sein,
    Sein jüngster Sohn – und tauschte nicht den
                       Anspruch,
    Würd' ich auch Friedrichs angenommener Erbe.

ROSALINDE. Mein Vater liebte Roland wie sein Leben,
    Und alle Welt war so wie er gesinnt.
    Hätt' ich zuvor den jungen Mann gekannt[7],
    Den Bitten hätt' ich Tränen zugesellt,
    Eh' er sich so gewagt.

CELIA.   Komm, liebe Muhme,
    Lass uns ihm danken und ihm Mut einsprechen:
    Denn meines Vaters rauhe neid'sche Art
    Geht mir ans Herz. – Herr, Ihr habt Lob verdient;
    Wenn Ihr im Lieben Eu'r Versprechen haltet,
    Wie Ihr verdunkelt[8], was man sich versprach,
    Ist Eure Liebste glücklich.

ROSALINDE *(gibt ihm eine Kette von ihrem Halse).*
                Junger Mann,
    Tragt dies von mir, von einer Glückverstoßnen,
    Die mehr wohl gäbe, fehlt' es nicht an Mitteln.
    Nun, gehn wir, Muhme?

---

7 Es fehlt: *his son* (als seinen Sohn).
8 *as you have exceeded all* (wie Ihr alles übertroffen habt).

CELIA   Ja. – Lebt wohl denn, edler Junker.

ORLANDO. Kann ich nicht sagen: Dank? mein bessres Teil
    Liegt ganz darnieder; was noch aufrecht steht,
    Ist nur ein Wurfziel, bloß ein leblos Holz.

ROSALINDE.
    Er ruft uns nach: mein Stolz sank mit dem Glück,
    Ich frag ihn, was er will. – Rieft Ihr uns, Herr? –
    Herr, Ihr habt brav gekämpft, und mehre noch
    Besiegt als Eure Feinde.

CELIA.   Komm doch, Mühmchen.

ROSALINDE. Ich komme schon, lebt wohl!
    (Rosalinde und Celia ab.)

ORLANDO. Welch ein Gefühl belastet meine Zunge?
    Ich kann nicht reden, lud sie gleich mich ein.
    (Le Beau kommt.)
    Armer Orlando! du bist überwältigt,
    Charles oder etwas Schwächers siegt dir ob.

LE BEAU.
    Mein guter Herr, ich rat aus Freundschaft Euch,
    Verlasst den Ort; wiewohl Ihr hohen Preis
    Euch habt erworben, Lieb' und echten Beifall,
    So steht doch so des Herzogs Stimmung nun,
    Dass er missdeutet, was Ihr nun getan.
    Der Fürst ist launisch; was er ist, in Wahrheit,
    Ziemt besser Euch zu sehn[9] als mir zu sagen.

ORLANDO.
    Ich dank Euch, Herr, und bitt Euch, sagt mir dies:
    Wer war des Herzogs Tochter von den beiden,
    Die hier beim Ringen waren?

9 *to conceive* (sich vorstellen).

LE BEAU. Von beiden keine, wenn's nach Sitten gilt.
Doch wirklich ist die kleinste seine Tochter,
Die andre, Tochter des verbannten Herzogs,
Von ihrem Oheim hier zurückbehalten
Zu seiner Tochter Umgang: ihre Liebe
Ist zärtlicher als schwesterliche Bande.
Doch sag ich Euch, seit kurzem hegt der Herzog
Unwillen gegen seine holde Nichte,
Der auf die Ursach' bloß gegründet ist,
Dass sie die Welt um ihre Gaben preist
Und sie beklagt um ihres Vaters willen;
Und auf mein Wort, sein Ingrimm auf das Fräulein
Bricht einmal plötzlich los. – Lebt wohl, mein Herr,
Dereinst, in einer bessern Welt als diese,
Wünsch ich mir mehr von Eurer Lieb' und Umgang.
ORLANDO. Ich bleib Euch sehr verbunden; lebet wohl!
(Le Beau ab.)
So muss ich aus dem Dampf in die Erstickung,
Von Herzogs Druck in Bruders Unterdrückung.
Doch Engel Rosalinde! – *(Ab.)*

Dritte Szene

Ein Zimmer im Palast.
Celia und Rosalinde treten auf.

CELIA. Ei, Mühmchen! ei, Rosalinde! – Kupido sei uns gnädig, nicht ein Wort?
ROSALINDE. Nicht eins, das man einem Hunde vorwerfen könnte.

CELIA. Nein, deine Worte sind zu kostbar, um sie den Hunden vorzuwerfen: wirf mir einige zu. Komm, lähme mich mit Vernunftgründen.

ROSALINDE. Da wär' es um zwei Muhmen geschehn, wenn die eine mit Gründen gelähmt würde und die andre unklug ohne Grund.

CELIA. Aber ist das alles um deinen Vater?

ROSALINDE. Nein, etwas davon ist um meines Vaters Kind[10]. O wie voll Disteln ist diese Werktagswelt!

CELIA. Es sind nur Kletten, Liebe, die dir bei einem Festtagsspaß angeworfen werden. Wenn wir nicht in gebahnten Wegen gehn, so haschen unsre eignen Röcke sie auf.

ROSALINDE. Vom Rocke könnt' ich sie abschütteln; diese Kletten stecken mir im Herzen.

CELIA. Huste sie weg.

ROSALINDE. Das wollte ich wohl tun, wenn ich ihn herbeihusten könnte.

CELIA. Ei was, ringe mit deinen Neigungen.

ROSALINDE. Ach, sie nehmen die Partei eines bessern Ringers als ich bin.

CELIA. Helfe dir der Himmel! Du wirst dich zu seiner Zeit mit ihm messen, gilt es auch eine Niederlage. – Doch lass uns diese Scherze abdanken und in vollem Ernste sprechen. Ist es möglich, dass du mit einem Male in eine so gewaltige Zuneigung zu des alten Herrn Roland jüngstem Sohn verfallen konntest?

ROSALINDE. Der Herzog, mein Vater, liebte seinen Vater über alles.

10 *for my child's father* (um den Vater meines Kindes).

CELIA. Folgt daraus, dass du seinen Sohn über alles lieben
    musst? Nach dieser Folgerung müsste ich ihn hassen,
    denn mein Vater hasste seinen Vater über alles, und doch
    hasse ich den Orlando nicht.
ROSALINDE. Nein gewiss, hasse ihn nicht, um meinet-
    willen!
CELIA. Warum sollte ich? verdient er nicht alles Gute?
    (Herzog Friedrich kommt mit Herren vom Hofe.)
ROSALINDE. Um deswillen lass mich ihn lieben, und liebe
    du ihn, weil ich es tue. – Sieh, da kommt der Herzog.
CELIA. Die Augen voller Zorn.
HERZOG FRIEDRICH.
    Fräulein, in schnellster Eile schickt Euch an
    Und weicht von unserm Hof.
ROSALINDE.   Ich, Oheim?
HERZOG FRIEDRICH.   Ja, Ihr, Nichte.
    Wenn in zehn Tagen du gefunden wirst
    Von unserm Hofe binnen zwanzig Meilen,
    Bist du des Todes.
ROSALINDE.   Ich ersuch Eu'r Gnaden,
    Gebt mir die Kenntnis meines Fehlers mit.
    Wenn ich Verständnis hatte mit mir selbst,
    Ja, irgend meine eignen Wünsche kenne,
    Wenn ich nicht träum und nicht von Sinnen bin,
    Wie ich nicht hoffe: nie, mein werter Oheim,
    Selbst nicht mit ungeborenen Gedanken,
    Beleidigt' ich Eu'r Hoheit.
HERZOG FRIEDRICH.   So sprechen stets Verräter:
    Beständ' in Worten ihre Reinigung,
    So sind sie schuldlos wie die Heiligkeit.
    Lass dir's genügen, dass ich dir nicht traue.

ROSALINDE.

> Doch macht Eu'r Misstraun nicht mich zum Verräter;
> Sagt mir, worauf der Anschein denn beruht.

HERZOG FRIEDRICH.

> Genug, du bist die Tochter deines Vaters.

ROSALINDE.

> Das war ich, als Eu'r Hoheit ihm sein Land nahm,
> Das war ich, als Eu'r Hoheit ihn verbannte.
> Verräterei wird nicht vererbt, mein Fürst:
> Und, überkämen wir von Freunden sie,
> Was geht's mich an? Mein Vater übte keine.
> Drum, bester Herr, verkennt mich nicht so sehr,
> Zu glauben, meine Armut sei verrätrisch.

CELIA. Mein teuerster Gebieter, hört mich an!

HERZOG FRIEDRICH.

> Ja, Celia, dir zulieb ließ ich sie bleiben,
> Sonst irrte sie umher mit ihrem Vater.

CELIA. Ich bat nicht damals, dass sie bleiben möchte,
> Ihr wolltet es, Ihr waret selbst erweicht.
> Ich war zu jung um *die* Zeit, sie zu schätzen;
> Jetzt kenn ich sie: wenn sie verrätrisch ist,
> So bin ich's auch; wir schliefen stets beisammen,
> Erwachten, lernten, spielten miteinander,
> Und wo wir gingen, wie der Juno Schwäne,
> Da gingen wir gepaart und unzertrennlich.

HERZOG FRIEDRICH.

> Sie ist zu fein" für dich, und ihre Sanftmut,
> Ihr Schweigen selbst und ihre Duldsamkeit,
> Spricht zu dem Volk, und es bedauert sie.

---

11 *subtle* (verschlagen, raffiniert).

Du Törin du! Sie stiehlt dir deinen Namen,
Und du scheinst glänzender und tugendreicher,
Ist sie erst fort; drum öffne nicht den Mund,
Fest und unwiderruflich ist mein Spruch,
Der über sie erging: sie ist verbannt.

CELIA. Sprecht denn dies Urteil über mich, mein Fürst:
Ich kann nicht leben außer ihrer Nähe.

HERZOG FRIEDRICH.
Du bist 'ne Törin. – Nichte, seht Euch vor!
Wenn Ihr die Zeit versäumt: auf meine Ehre,
Und kraft der Würde meines Worts, Ihr sterbt.
(Herzog und Gefolge ab.)

CELIA. O arme Rosalinde, wohin willst du?
Willst du die Väter tauschen? So nimm meinen.
Ich bitt dich, sei nicht trauriger als ich!

ROSALINDE. Ich habe ja mehr Ursach'.

CELIA.   Nicht doch, Muhme.
Sei nur getrost! Weißt du nicht, dass mein Vater
Mich, seine Tochter, hat verbannt?

ROSALINDE.   Das nicht.

CELIA. Das nicht? So fehlt die Liebe Rosalinden,
Die dich belehrt, dass du und ich nur eins.
Soll man uns trennen? Soll'n wir scheiden, Süße?
Nein, mag mein Vater andre Erben suchen.
Ersinne nur mit mir, wie wir entfliehn,
Wohin wir gehn und was wir mit uns nehmen;
Und suche nicht die Last auf dich zu ziehn,
Dein Leid zu tragen und mich auszuschließen.
Bei diesem Himmel, bleich von unserm Gram,
Sag, was du willst, ich gehe doch mit dir.

ROSALINDE. Wohl, wohin gehn wir?

CELIA. Zu meinem Oheim im Ardenner Wald.
ROSALINDE.

> Doch ach, was für Gefahr wird es uns bringen,
> So weit zu reisen, Mädchen wie wir sind?
> Schönheit lockt Diebe schneller noch als Gold.

CELIA. Ich stecke mich in arme, niedre Kleidung,

> Und streiche mein Gesicht mit Ocker an.
> Tu eben das, so ziehn wir unsern Weg
> Und reizen keine Räuber.

ROSALINDE. Wär's nicht besser,

> Weil ich von mehr doch als gemeinem Wuchs,
> Dass ich mich trüge völlig wie ein Mann?
> Den schmucken kurzen Säbel an der Hüfte,
> Den Jagdspieß in der Hand, und – läg' im Herzen
> Auch noch so viele Weiberfurcht versteckt –
> Wir sähen kriegerisch und prahlend drein,
> Wie manche andre Männermemmen auch,
> Die mit dem Ansehn es zu zwingen wissen.

CELIA. Wie willst du heißen, wenn du nun ein Mann bist?
ROSALINDE. Nicht schlechter als der Page Jupiters,

> Denk also dran, mich Ganymed zu nennen.
> Doch wie willst *du* genannt sein?

CELIA. Nach etwas, das auf meinen Zustand passt,

> Nicht länger Celia, sondern Aliena.

ROSALINDE. Wie, Muhme, wenn von Eures Vaters Hof

> Wir nun den Schalksnarrn wegzustehlen suchten?
> Wär' er uns nicht ein Trost auf unsrer Reise?

CELIA. Oh, der geht mit mir in die weite Welt,

> Um den lass mich nur werben. Lass uns gehn
> Und unsern Schmuck und Kostbarkeiten sammeln,
> Die beste Zeit und sichern Weg bedenken

Vor der Verfolgung, die nach meiner Flucht
Wird angestellt. So ziehn wir denn in Frieden,
Denn Freiheit ist uns, nicht der Bann beschieden.
(Ab.)

Zweiter Akt

Erste Szene

Der Ardenner Wald.
Der Herzog, Amiens und andre Edelleute, in Jägerkleidung.

HERZOG. Nun, meine Brüder und des Banns Genossen,
    Macht nicht Gewohnheit süßer dieses Leben
    Als das gemalten Pomps? Sind diese Wälder
    Nicht sorgenfreier als der falsche Hof?
    Wir fühlen hier die Buße Adams nur,
    Der Jahrszeit Wechsel; so den eis'gen Zahn
    Und böses Schelten von des Winters Sturm.
    Doch wenn er beißt und auf den Leib mir bläst,
    Bis ich vor Kälte schaudre, sag ich lächelnd:
    Dies ist nicht Schmeichelei; Ratgeber sind's,
    Die fühlbar mir bezeugen, wer ich bin.
    Süß ist die Frucht der Widerwärtigkeit,
    Die, gleich der Kröte, hässlich und voll Gift,
    Ein köstliches Juwel im Haupte trägt.
    Dies unser Leben, vom Getümmel frei,
    Gibt Bäumen Zungen, findet Schrift im Bach,
    In Steinen Lehre, Gutes überall.
AMIENS.
    Ich tauscht' es selbst nicht; glücklich ist Eu'r Hoheit,
    Die auszulegen weiß des Schicksals Härte
    In solchem ruhigen und milden Sinn.
HERZOG.
    Kommt, soll'n wir gehen und uns Wildbret töten?
    Doch reut mich's, dass wir den gefleckten Narrn,

Die Bürger sind in dieser öden Stadt,
Auf eignem Grund mit hak'gen Spitzen blutig
Die runden Hüften reißen.

ERSTER EDELMANN. Ja, mein Fürst,
Den melanchol'schen Jaques kränkt dies sehr,
Er schwört, dass Ihr auf diesem Weg mehr
Unrecht
Als Euer Bruder übt, der Euch verbannt.
Heut schlüpften ich und Amiens hinter ihn,
Als er sich hingestreckt an einer Eiche,
Wovon die alte Wurzel in den Bach
Hineinragt, der da braust den Wald entlang.
Es kam dahin ein arm verschüchtert Wild,
Das von des Jägers Pfeil beschädigt war,
Um auszuschmachten; und gewiss, mein Fürst,
Das arme Tier stieß solche Seufzer aus,
Dass jedesmal sein ledern Kleid sich dehnte
Zum Bersten fast: und dicke runde Tränen
Längs der unschuld'gen Nase liefen kläglich
Einander nach; und der behaarte Narr,
Genau bemerkt vom melanchol'schen Jaques,
Stand so am letzten Rand des schnellen Bachs,
Mit Tränen ihn vermehrend.

HERZOG. Nun, und Jaques?
Macht' er dies Schauspiel nicht zur Sittenpredigt?

ERSTER EDELMANN.
O ja, in tausend Gleichnissen. Zuerst
Das Weinen in den unbedürft'gen Strom:
»Ach, armer Hirsch!« so sagt' er, »wie der Weltling
Machst du dein Testament, gibst dem den
Zuschuss,

Der schon zuviel hat.« – Dann, weil er allein
Und von den samtnen Freunden war verlassen:
»Recht!« sagt' er, »so verteilt das Elend stets
Des Umgangs Flut.« – Alsbald ein Rudel Hirsche,
Der Weide voll, sprang sorglos an ihm hin,
Und keiner stand zum Gruße. »Ja«, rief Jaques,
»Streift hin, ihr fetten wohlgenährten Städter!
So ist die Sitte eben: warum schaut ihr
Nach dem bankrotten armen Schelme da?«
Auf diese Art durchbohrt er schmähungsvoll
Den Kern vom Lande, Stadt und Hof, ja selbst
Von diesem unsern Leben; schwört, dass wir
Nichts als Tyrannen, Räuber, Schlimmres noch,
Weil wir die Tiere schrecken, ja sie töten,
In ihrem eignen heimatlichen Sitz.
HERZOG. Und ließet Ihr in der Betrachtung ihn?
ZWEITER EDELMANN.
　　Ja, gnäd'ger Herr, beweinend und besprechend
　　Das schluchzende Geschöpf.
HERZOG. 　　　　　　　　Zeigt mir den Ort,
　　Ich lasse gern in diesen düstern Launen
　　Mich mit ihm ein; er ist dann voller Sinn.
ERSTER EDELMANN. Ich will Euch zu ihm bringen. *(Ab.)*

Zweite Szene

Ein Zimmer im Palaste.
Herzog Friedrich, Herren vom Hofe und Gefolge treten auf.

HERZOG FRIEDRICH.

    Ist es denn möglich, dass sie niemand sah?
    Es kann nicht sein: nein, Schurken hier am Hof
    Sind im Verständnis mit und gaben's zu[12].

ERSTER EDELMANN.

    Ich kann von niemand hören, der sie sah.
    Die Fraun im Dienste ihrer Kammer brachten
    Sie in ihr Bett und fanden morgens früh
    Das Bett von ihrem Fräulein ausgeleert.

ZWEITER EDELMANN.

    Mein Herzog, der Hanswurst[13], den Euer Hoheit
    Oft zu belachen pflegt, wird auch vermisst.
    Hesperia, der Prinzessin Kammerfräulein,
    Bekennt, sie habe insgeheim belauscht,
    Wie Eure Nicht' und Tochter überaus
    Geschick und Anstand jenes Ringers lobten,
    Der jüngst den nerv'gen[14] Charles niederwarf;
    Sie glaubt, wohin sie auch gegangen sind,
    Der Jüngling sei gewisslich ihr Begleiter.

HERZOG FRIEDRICH.

    Schickt hin zum Bruder, holt den Braven[15] her;
    Ist er nicht da, so bringt mir seinen Bruder,

12 *of consent and sufferance* (in Einverständnis und Duldung).
13 *roynish clown* (räudiger Clown).
14 *sinewy* (sehnig, durchtrainiert).
15 *galant* (Galan).

Der soll ihn mir schon finden. Tut dies schnell,
Lasst Nachsuchung und Forschen nicht ermatten,
Die törichten Verlaufnen heimzubringen. *(Ab.)*

Dritte Szene

Vor Olivers Hause.
Orlando und Adam begegnen sich.

ORLANDO. Wer ist da?
ADAM. Was? Ihr, mein junger Herr? – O edler Herr!
    O mein geliebter Herr! O Ihr, Gedächtnis[16]
    Des alten Roland! Sagt, was macht Ihr hier?
    Weswegen übt Ihr Tugend? schafft Euch Liebe?
    Und warum seid Ihr edel, stark und tapfer?
    Was wart Ihr so erpicht, den stämm'gen Kämpfer
    Des launenhaften Herzogs zu bezwingen?
    Eu'r Ruhm kam allzu schnell vor Euch nach Haus.
    Wisst Ihr nicht, Junker, dass gewissen Leuten
    All ihre Gaben nur als Feinde dienen?
    So, bester Herr, sind Eure Tugenden
    An Euch geweihte heilige Verräter.
    O welche Welt ist dies, wenn das, was herrlich,
    Den, der es hat, vergiftet!
ORLANDO. Nun denn, was gibt's?
ADAM.   O unglücksel'ger Jüngling!
    Geht durch dies Tor nicht: unter diesem Dach
    Lebt aller Eurer Trefflichkeiten Feind.

16 *memory*: im Sinn von »Andenken, Erinnerungen«.

Eu'r Bruder – nein, kein Bruder, doch der Sohn –
Nein, nicht der Sohn; ich will nicht Sohn ihn nennen
Des, den ich seinen Vater heißen wollte –
Hat Euer Lob gehört und denkt zu Nacht
Die Wohnung zu verbrennen, wo Ihr liegt,
Und Euch darinnen. Schlägt ihm dieses fehl,
So sucht er andre Weg', Euch umzubringen:
Ich habe ihn belauscht und seinen Anschlag.
Kein Wohnort ist dies Haus, 'ne Mördergrube;
Verabscheut, fürchtet es, geht nicht hinein.

ORLANDO. Sag, wohin willst du, Adam, dass ich gehe?
ADAM. Gleichviel wohin, ist es nur hieher nicht.
ORLANDO.

Was? willst du, dass ich gehn und Brot soll betteln?
Wohl gar mit schnödem, tollem Schwert erzwingen
Auf offner Straße dieb'schen Unterhalt?
Das muss ich tun, sonst weiß ich nichts zu tun,
Doch will ich dies nicht, komme was da will.
Ich setze mich der Bosheit lieber aus
Des abgefallnen[17] Bluts und blut'gen Bruders.

ADAM. Nein, tut das nicht: ich hab fünfhundert Kronen,
Den schmalen Lohn, erspart bei Eurem Vater;
Ich legt' ihn bei, mein Pfleger dann zu sein,
Wann mir der Dienst erlahmt in schwachen Gliedern
Und man das Alter in die Ecke wirft.
Nehmt das, und der die jungen Raben füttert,
Ja, sorgsam für den Sperling Vorrat häuft,
Sei meines Alters Trost! Hier ist das Gold,
Nehmt alles, lasst mich Euren Diener sein.

17 *diverted* (irregeleitet).

Seh ich gleich alt, bin ich doch stark und rüstig;
Denn nie in meiner Jugend mischt' ich mir
Heiß und aufrührerisch Getränk ins Blut,
Noch ging ich je mit unverschämter Stirn
Den Mitteln nach zu Schwäch' und Unvermögen.
Drum ist mein Alter wie ein frischer Winter,
Kalt, doch erquicklich: lasst mich mit Euch gehn!
Ich tu den Dienst von einem jüngern Mann,
In aller Eurer Notdurft und Geschäften.

ORLANDO. O guter Alter, wie so wohl erscheint
In dir der treue Dienst der alten Welt,
Da Dienst um Pflicht sich mühte, nicht um Lohn!
Du bist nicht nach der Sitte dieser Zeiten,
Wo niemand mühn sich will als um Beförderung,
Und kaum, dass er sie hat, erlischt sein Dienst
Gleich im Besitz. So ist es nicht mit dir.
Doch, armer Greis, du pflegst den dürren Stamm,
Der keine Blüte mehr vermag zu treiben,
Für alle deine Sorgsamkeit und Müh'.
Doch komm, wir brechen miteinander auf,
Und eh' wir deinen Jugendlohn verzehrt,
Ist uns ein friedlich kleines Los beschert.

ADAM. Auf, Herr! und bis zum letzten Atemzug
Folg ich Euch nach, ergeben ohne Trug.
Von siebzehn Jahren bis zu achtzig schier
Wohnt' ich, nun wohn ich ferner nicht mehr hier.
Um siebzehn ziemt's, dass mit dem Glück man buhle.
Doch achtzig ist zu alt für diese Schule.
Könnt' ich vom Glück nur diesen Lohn erwerben,
Nicht Schuldner meines Herrn und sanft zu sterben.
(Ab.)

Vierte Szene

Der Wald.
Rosalinde als Knabe, Celia wie eine Schäferin gekleidet,
und Probstein treten auf.

ROSALINDE. O Jupiter! wie matt sind meine Lebensgeister!

PROBSTEIN. Ich frage nicht nach meinen Lebensgeistern,
wenn nur meine Beine nicht matt wären.

ROSALINDE. Ich wäre imstande, meinen Mannskleidern
eine Schande anzutun und wie ein Weib zu weinen.
Aber ich muss das schwächere Gefäß unterstützen, denn
Wams und Hosen müssen sich gegen den Unterrock
herzhaft beweisen. Also Herz gefasst, liebe Aliena!

CELIA. Ich bitte dich, ertrage mich, ich kann nicht weiter.

PROBSTEIN. Ich für mein Teil wollte Euch lieber ertragen
als tragen. Und doch trüge ich kein Kreuz, wenn ich
Euch trüge: denn ich bilde mir ein, Ihr habt keinen Kreuzer in Eurem Beutel.

ROSALINDE. Gut, dies ist der Ardenner Wald.

PROBSTEIN. Ja, nun bin ich in den Ardennen, ich Narr; da
ich zu Hause war, war ich an einem bessern Ort, aber
Reisende müssen sich schon begnügen.

ROSALINDE. Ja, tut das, guter Probstein. – Seht, wer kommt
da? Ein junger Mann und ein alter in tiefem Gespräch.
(Corinnus und Silvius treten auf.)

CORINNUS.
　　Dies ist der Weg, dass sie dich stets verschmäht.

SILVIUS. O wüsstest du, Corinnus, wie ich liebe!

CORINNUS. Zum Teil errat ich's, denn einst lieb' ich auch.

SILVIUS.

> Nein, Freund, alt wie du bist, errätst du's nicht.
> Warst du auch jung ein so getreuer Schäfer[18]
> Als je aufs mitternächt'ge Kissen seufzte.
> Allein, wenn deine Liebe meiner gleich –
> Zwar glaub ich, keiner liebte jemals so –
> Zu wieviel höchlich ungereimten Dingen
> Hat deine Leidenschaft dich hingerissen?

CORINNUS. Zu Tausenden, die ich vergessen habe.

SILVIUS. O dann hast du so herzlich nie geliebt!

> Entsinnst du dich der kleinsten Torheit nicht,
> In welche dich die Liebe je gestürzt,
> So hast du nicht geliebt;
> Und hast du nicht gesessen, wie ich jetzt,
> Den Hörer mit der Liebsten Preis ermüdend,
> So hast du nicht geliebt;
> Und brachst du nicht von der Gesellschaft los,
> Mit eins[19], wie jetzt die Leidenschaft mich heißt,
> So hast du nicht geliebt. – O Phöbe! Phöbe! Phöbe!
> *(Ab.)*

ROSALINDE.

> Ach, armer Schäfer! deine Wunde suchend,
> Hab ich durch schlimmes Glück die meine funden.

PROBSTEIN. Und ich meine. Ich erinnre mich, da ich verliebt war, dass ich meinen Degen an einem Stein zerstieß und hieß ihn das dafür hinnehmen, dass er sich unterstände, nachts zu Hannchen Freundlich zu kommen; und ich erinnre mich, wie ich ihr Waschholz küss-

18 *lover* (Liebhaber).
19 *abruptly* (unvermittelt).

te, und die Euter der Kuh, die ihre artigen Patschhänd-
chen[20] gemolken hatten. Ich erinnre mich, wie ich mit
einer Erbsenschote schöntat, als wenn sie es wäre, und
ich nahm zwei Erbsen, gab sie ihr wieder und sagte mit
weinenden Tränen: Trage sie um meinetwillen. Wir
treuen Liebenden kommen oft auf seltsame Sprünge:
wie alles von Natur sterblich ist, so sind alle sterblich
Verliebten von Natur Narren.

ROSALINDE. Du sprichst klüger als du selber gewahr wirst.

PROBSTEIN. Nein, ich werde meinen eignen Witz nicht
eher gewahr werden, als bis ich mir die Schienbeine daran zerstoße.

ROSALINDE.

O Jupiter! O Jupiter! des Schäfers Leidenschaft
Ist ganz nach meiner Eigenschaft.

PROBSTEIN. Nach meiner auch, aber sie versauert ein wenig bei mir.

CELIA. Ich bitte Euch, frag einer jenen Mann,
Ob er für Gold uns etwas Speise gibt.
Ich schmachte fast zu Tode.

PROBSTEIN. Heda, Tölpel!

ROSALINDE. Still, Narr! Er ist dein Vetter nicht.

CORINNUS. Wer ruft?

PROBSTEIN. Vornehmere als Ihr.

CORINNUS. Sonst wären sie auch wahrlich sehr gering[21].

ROSALINDE.

Still, sag ich Euch! – Habt guten Abend, Freund!

CORINNUS. Ihr gleichfalls, feiner Herr, und allesamt.

20 *chopt hands* (rissige Hände).
21 *wreched* (unglückselig).

ROSALINDE.

> Hör, Schäfer, können Geld und gute Worte
> In dieser Wildnis uns Bewirtung schaffen,
> So zeigt uns, wo wir ruhn und essen können.
> Dies junge Mädchen ist vom Reisen matt,
> Und schmachtet nach Erquickung.

CORINNUS. Lieber Herr,

> Sie tut mir leid, und ihretwillen mehr
> Als meinetwillen wünsch' ich, dass mein Glück
> Instand mich besser setzt', ihr beizustehn.
> Doch ich bin Schäfer eines andern Manns
> Und schere nicht die Wolle, die ich weide.
> Von filziger Gemütsart ist mein Herr
> Und fragt nicht viel danach, den Weg zum Himmel
> Durch Werke der Gastfreundlichkeit zu finden.
> Auch stehn ihm Hütt' und Herd' und seine Weiden
> Jetzt zum Verkauf; und auf der Schäferei
> Ist, weil er nicht zu Haus, kein Vorrat da,
> Wovon Ihr speisen könnt: doch kommt und seht!
> Von mir Euch alles gern zu Dienste steht.

ROSALINDE.

> Wer ist's, der seine Herd' und Wiesen kauft?

CORINNUS. Der junge Schäfer, den Ihr erst gesehn,

> Den es nicht kümmert, irgendwas zu kaufen.

ROSALINDE. Ich bitte dich, besteht's mit Redlichkeit,

> Kauf du die Meierei, die Herd' und Weiden:
> Wir geben dir das Geld, es zu bezahlen.

CELIA. Und höhern Lohn; ich liebe diesen Ort,

> Und brächte willig meine Zeit hier zu.

CORINNUS. Soviel ist sicher, dies ist zu Verkauf.

> Geht mit! Gefällt Euch auf Erkundigung

Der Boden, der Ertrag und dieses Leben,
So will ich Euer treuer Pfleger sein
Und kauf es gleich mit Eurem Golde ein.
(Alle ab.)

Fünfte Szene

Ein andrer Teil des Waldes.
Amiens, Jaques und andre.

Lied

AMIENS. Unter des Laubdachs Hut
Wer gerne mit mir ruht
Und stimmt der Kehle Klang
Zu lust'ger Vögel Sang:
Komm geschwinde! geschwinde! geschwinde!
Hier nagt und sticht
Kein Feind ihn nicht
Als Wetter, Regen und Winde.

JAQUES. Mehr, mehr, ich bitte dich, mehr!

AMIENS. Es würde Euch melancholisch machen, Monsieur Jaques.

JAQUES. Das dank ich ihm. Mehr, ich bitte dich, mehr! Ich kann Melancholie aus einem Liede saugen, wie ein Wiesel Eier saugt. Mehr! mehr! ich bitte dich.

AMIENS. Meine Stimme ist rauh; ich weiß, ich kann Euch nicht damit gefallen.

JAQUES. Ich verlange nicht, dass Ihr mir gefallen sollt; ich verlange, dass Ihr singt. Kommt, noch eine Strophe! Nennt Ihr's nicht Strophen?

AMIENS. Wie es Euch beliebt, Monsieur Jaques.

JAQUES. Ich kümmre mich nicht um ihren Namen: sie sind mir nichts schuldig. Wollt Ihr singen?

AMIENS. Mehr auf Euer Verlangen als mir zu Gefallen.

JAQUES. Gut, wenn ich mich jemals bei einem Menschen bedanke, so will ich's bei Euch: aber was sie Komplimente nennen, ist, als wenn sich zwei Maulaffen begegnen. Und wenn sich jemand herzlich bei mir bedankt, so ist mir, als hätte ich ihm einen Pfennig gegeben und er sagte Gotteslohn dafür. Kommt, singt, und wer nicht mag, halte sein Maul!

AMIENS. Gut, ich will das Lied zu Ende bringen. – Ihr Herren, deckt indes die Tafel: der Herzog will unter diesem Baum trinken – er ist den ganzen Tag nach Euch aus gewesen.

JAQUES. Und ich bin ihm den ganzen Tag aus dem Wege gegangen. Er ist ein zu großer Disputierer für mich. Es gehn mir so viele Gedanken durch den Kopf als ihm, aber ich danke dem Himmel und mache kein Wesens davon. Kommt, trillert eins her.

Lied

ALLE ZUSAMMEN.

> Wer Ehrgeiz sich hält fern,
> Lebt in der Sonne gern,
> Selbst sucht, was ihn ernährt,
> Und was er kriegt, verzehrt:
> Komm geschwinde! geschwinde! geschwinde!
> Hier nagt und sticht
> Kein Feind ihn nicht
> Als Wetter, Regen und Winde.

JAQUES. Ich will Euch einen Vers zu dieser Weise sagen,

den ich gestern meiner Dichtungsgabe zum Trotz gemacht habe.

AMIENS. Und ich will ihn singen.

JAQUES. So lautet er:

> Besteht ein dummer Tropf
> Auf seinen Eselskopf,
> Lässt seine Füll' und Ruh'
> Und läuft der Wildnis zu:
> Ducdame![22] Ducdame! Ducdame!
> Hier sieht er mehr
> So Narrn wie er,
> Wenn er zu mir will kommen her.

AMIENS. Was heißt das: Ducdame?

JAQUES. Es ist eine Griechische Beschwörung, um Narren
in einen Kreis zu bannen. Ich will gehn und schlafen,
wenn ich kann; kann ich nicht, so will ich auf alle Erst-
geburt in Ägypten lästern.

AMIENS. Und ich will den Herzog aufsuchen, sein Mahl ist
bereitet.

(Nach verschiedenen Seiten ab.)

---

22 In der Folio: *Duc ad me!* Hierfür wurden viele – unbefriedigen-
de – Erklärungen vorgeschlagen. Vermutlich ist es ein Nonsense-
Wort, ebenso obskur wie die »Griechische Beschwörung«.

Sechste Szene

Ein andrer Teil des Waldes.
Orlando und Adam treten auf.

ADAM. Liebster Herr, ich kann nicht weitergehn; ach ich
sterbe vor Hunger! Hier werfe ich mich hin und messe
mir mein Grab. Lebt wohl, bester Herr.

ORLANDO. Ei was, Adam! hast du nicht mehr Herz? Lebe
noch ein wenig, stärke dich ein wenig, ermuntre dich ein
wenig. Wenn dieser rauhe Wald irgendein Gewild hegt,
so will ich ihm entweder zur Speise dienen oder es dir
zur Speise bringen. Deine Einbildung ist dem Tode näher als deine Kräfte. Mir zuliebe sei getrost! halt dir den
Tod noch eine Weile vom Leibe. Ich will gleich wieder
bei dir sein, und wenn ich dir nicht etwas zu essen bringe, so erlaube ich dir zu sterben; aber wenn du stirbst,
ehe ich komme, so hast du mich mit meiner Mühe zum
besten. – Gut! gut! du siehst munter aus, und ich bin
gleich wieder bei dir. Aber du liegst in der scharfen Luft:
komm, ich will dich hintragen, wo Überwind[23] ist, und
du sollst nicht aus Mangel an einer Mahlzeit sterben,
wenn es irgendwas Lebendiges in dieser Einöde gibt.
Mut gefasst, guter Adam!
(Beide ab.)

23 *to some shelter* (zu einem Unterstand).

Siebente Szene

Ein andrer Teil des Waldes.
Ein gedeckter Tisch. Der Herzog, Amiens, Edelleute und
Gefolge treten auf.

HERZOG. Ich glaub, er ist verwandelt in ein Tier,
    Denn nirgends find ich ihn in Mannsgestalt.
ERSTER EDELMANN.
    Mein Fürst, er ging soeben von hier weg
    Und war vergnügt, weil wir ein Lied ihm sangen.
HERZOG. Wenn *er*, ganz Misslaut, musikalisch wird,
    So gibt's bald Dissonanzen in den Sphären. –
    Geht, sucht ihn, sagt, dass ich ihn sprechen will.
    (Jaques tritt auf.)
ERSTER EDELMANN.
    Er spart die Mühe mir durch seine Ankunft.
HERZOG. Wie nun, mein Herr? was ist denn das für Art,
    Dass Eure Freunde um Euch werben müssen?
    Was? Ihr seht lustig aus?
JAQUES.
    Ein Narr! ein Narr! – ich traf 'nen Narrn im Walde,
    'nen scheck'gen Narrn, – o jämmerliche Welt! –
    So wahr mich Speise nährt, ich traf 'nen Narrn,
    Der streckte sich dahin und sonnte sich
    Und schimpfte Frau Fortuna ganz beredt
    Und ordentlich – und doch ein scheck'ger Narr!
    »Guten Morgen, Narr!« sagt' ich; »Mein Herr«, sagt' er,
    »Nennt mich nicht Narr, bis mich das Glück gesegnet.«
    Dann zog er eine Sonnenuhr hervor,
    Und wie er sie besah mit blödem Auge,

Sagt' er sehr weislich: »Zehn ist's an der Uhr.
Da sehn wir nun«, sagt' er, »wie die Welt läuft:
's ist nur 'ne Stunde her, da war es neun,
Und nach 'ner Stunde noch wird's elfe sein;
Und so von Stund' zu Stunde reifen wir,
Und so von Stund' zu Stunde faulen wir,
Und daran hängt ein Märlein.« Da ich hörte
So pred'gen von der Zeit den scheck'gen Narrn,
Fing meine Lung' an, wie ein Hahn zu krähn,
Dass Narrn so tiefbedächtig sollten sein;
Und eine Stunde lacht' ich ohne Rast
Nach seiner Sonnenuhr. – O wackrer Narr!
Ein würd'ger Narr! Die Jacke lob ich mir.
HERZOG. Was ist das für ein Narr?
JAQUES. Ein würd'ger Narr! Er war ein Hofmann sonst,
Und sagt, wenn Frauen jung und schön nur sind,
So haben sie die Gabe, es zu wissen.
In seinem Hirne, das so trocken ist
Wie Überrest von Zwieback nach der Reise,
Hat er seltsame Fächer ausgestopft
Mit Anmerkungen, die er brockenweise
Nun von sich gibt. – O wär' ich doch ein Narr!
Mein Ehrgeiz geht auf eine bunte Jacke.
HERZOG. Du sollst sie haben.
JAQUES.   's ist mein einz'ger Wunsch.
Vorausgesetzt, dass Ihr Eu'r bessres Urteil
Von aller Meinung reinigt, die da wuchert,
Als wär' ich weise. – Dann muss ich Freiheit haben,
So ausgedehnte Vollmacht wie der Wind –
So ziemt es Narrn –, auf wen ich will, zu blasen.
Und wen am ärgsten meine Torheit geißelt,

Der muss am meisten lachen. Und warum?
Das fällt ins Auge wie der Weg zur Kirche.
Der, den ein Narr sehr weislich hat getroffen,
Wär' wohl sehr töricht, schmerzt' es noch so sehr,
Nicht fühllos bei dem Schlag zu tun. Wo nicht,
So wird des Weisen Narrheit aufgedeckt
Selbst durch des Narren ungefähres Zielen.
Steckt mich in meine Jacke, gebt mir frei
Zu reden, wie mir's dünkt: und durch und durch
Will ich die angesteckte Welt schon säubern,
Wenn sie geduldig nur mein Mittel nehmen.

HERZOG. O pfui! Ich weiß wohl, was du würdest tun.

JAQUES. Und was, zum Kuckuck, würd' ich tun als Gutes?

HERZOG.

Höchst arge Sünd', indem du Sünde schöltest.
Denn du bist selbst ein wüster Mensch gewesen,
So sinnlich wie nur je des Tieres Trieb;
Und alle Übel, alle bösen Beulen,
Die du auf freien Füßen dir erzeugt,
Die würdst du schütten in die weite Welt.

JAQUES. Wie! wer schreit gegen Stolz,
Und klagt damit den einzelnen nur an?
Schwillt seine Flut nicht mächtig wie die See,
Bis dass die letzten, letzten Mittel[24] ebben?
Welch eine Bürgerfrau nenn ich mit Namen,
Wenn ich behaupt, es tragen Bürgerfrauen
Der Fürsten Aufwand auf unwürd'gen Schultern?
Darf eine sagen, dass ich sie gemeint,

---

24 *the weary very means* (die müden letzten Mittel?); ungelöstes
Textproblem.

Wenn so wie sie die Nachbarin auch ist?
Und wo ist *der* vom niedrigsten Beruf,
Der spricht: sein Großtun koste mir ja nichts –
Im Wahn, er sei gemeint – und seine Torheit
Nicht stimmt dadurch zu meiner Rede Ton?
Ei ja doch! wie denn? was denn? Lasst doch sehn,
Worin ihm meine Zunge Unrecht tat.
Tut sie sein Recht ihm, tat er selbst sich Unrecht;
Und ist er rein: nun wohl, so fliegt mein Tadel
Die Kreuz und Quer, wie eine wilde Gans,
Der niemand angehört. – Wer kommt da? seht!
(Orlando kommt mit gezognem Degen.)

ORLANDO. Halt! esst nicht mehr!

JAQUES. Ich hab noch nicht gegessen.

ORLANDO. Und sollst nicht, bis die Notdurft erst bedient.

JAQUES. Von welcher Art mag dieser Vogel sein?

HERZOG. Hat deine Not dich, Mensch, so kühn gemacht,
Wie? oder ist's Verachtung guter Sitten,
Dass du so leer von Höflichkeit erscheinst?

ORLANDO.
Ihr trefft[25] den Puls zuerst: der dorn'ge Stachel
Der harten Not nahm von mir weg den Schein
Der Höflichkeit; im innern Land geboren,
Kenn ich wohl Sitte – aber haltet! sag ich;
Der stirbt, wer etwas von der Frucht berührt,
Eh' ich und meine Sorgen sind befriedigt.

JAQUES.
Könnt Ihr nicht durch Vernunft befriedigt werden,
So muss ich sterben.

---

25 *touched* (traft).

HERZOG. Was wollt Ihr haben? Eure Freundlichkeit
    Wird mehr als Zwang zur Freundlichkeit uns
               zwingen.
ORLANDO. Ich sterbe fast vor Hunger, gebt mir Speise.
HERZOG. Sitzt nieder! esst! willkommen unserm Tisch!
ORLANDO. Sprecht Ihr so liebreich? O vergebt, ich bitte!
    Ich dachte, alles müsste wild hier sein,
    Und darum setzt' ich in die Fassung mich[26]
    Des trotzigen Befehls. Wer Ihr auch seid,
    Die Ihr in dieser unzugangbarn Wildnis,
    Unter dem Schatten melanchol'scher Wipfel
    Säumt und vergesst die Stunden träger Zeit:
    Wenn je Ihr bessre Tage habt gesehn,
    Wenn je zur Kirche Glocken Euch geläutet,
    Wenn je Ihr saßt bei guter Menschen Mahl,
    Wenn je vom Auge Tränen Ihr getrocknet
    Und wisst, was Mitleid ist und Mitleid finden,
    So lasst die Sanftmut mir statt Zwanges dienen;
    Ich hoff's, erröt und berge hier mein Schwert.
HERZOG. Wahr ist es, dass wir bessre Tage sahn,
    Dass heil'ge Glocken uns zur Kirch' geläutet,
    Dass wir bei guter Menschen Mahl gesessen
    Und Tropfen unsern Augen abgetrocknet,
    Die ein geheiligt Mitleid hat erzeugt:
    Und darum setzt in Freundlichkeit Euch hin
    Und nehmt nach Wunsch, was wir an Hilfe haben,
    Das Eurem Mangel irgend dienen kann.
ORLANDO. Bewahrt mir Eure Speis'[27] ein wenig noch,

26 *put I on the countenance* (setzte ich die Miene auf).
27 *forbear your food* (enthaltet Euch der Speise).

Indessen, wie die Hindin, ich mein Junges
Will füttern gehn. Dort ist ein armer Alter,
Der manchen sauren Schritt aus bloßer Liebe
Mir nachgehinkt; bis er befriedigt ist,
Den doppelt Leid, das Alter schwächt und Hunger,
Berühr ich keinen Bissen.

HERZOG.   Geht, holt ihn her!
Wir wollen nichts verzehren, bis Ihr kommt.

ORLANDO. Ich dank Euch; seid für Euren Trost gesegnet!
(Orlando ab.)

HERZOG. Du siehst, unglücklich sind nicht wir allein,
Und dieser weite, allgemeine Schauplatz
Beut mehr betrübte Szenen dar als unsre,
Worin du spielst.

JAQUES.   Die ganze Welt ist Bühne
Und alle Fraun und Männer bloße Spieler.
Sie treten auf und gehen wieder ab,
Sein Leben lang spielt einer manche Rollen
Durch sieben Akte hin. Zuerst das Kind,
Das in der Wärtrin Armen greint und sprudelt;
Der weinerliche Bube, der mit Bündel
Und glattem Morgenantlitz wie die Schnecke
Ungern zur Schule kriecht; dann der Verliebte,
Der wie ein Ofen seufzt, mit Jammerlied
Auf seiner Liebsten Braun; dann der Soldat,
Voll toller Flüch' und wie ein Pardel bärtig,
Auf Ehre eifersüchtig, schnell zu Händeln,
Bis in die Mündung der Kanone suchend
Die Seifenblase Ruhm. Und dann der Richter,
In rundem Bauche, mit Kapaun gestopft,
Mit strengem Blick und regelrechtem Bart,

Voll weiser Sprüch' und neuester Exempel[28],
Spielt seine Rolle so. Das sechste Alter
Macht den besockten hagern Pantalon,
Brill' auf der Nase, Beutel an der Seite;
Die jugendliche Hose, wohl geschont,
'ne Welt zu weit für die verschrumpften Lenden[29];
Die tiefe Männerstimme, umgewandelt
Zum kindischen Diskante, pfeift und quäkt
In seinem Ton. Der letzte Akt, mit dem
Die seltsam wechselnde Geschichte schließt,
Ist zweite Kindheit, gänzliches Vergessen,
Ohn' Augen, ohne Zahn, Geschmack und alles.
(Orlando kommt zurück mit Adam.)

HERZOG. Nun, Freund, setzt nieder Eure würd'ge Last
    Und lasst ihn essen.

ORLANDO. Ich dank Euch sehr für ihn.

ADAM.   Das tut auch not,
    Kaum kann ich sprechen, selbst für mich zu danken.

HERZOG. Willkommen denn! greift zu! Ich stör Euch nicht
    Bis jetzt, mit Fragen über Eure Lage. –
    Gebt uns Musik, und singt eins, guter Vetter!
    Lied

AMIENS. Stürm, stürm, du Winterwind!
        Du bist nicht falsch gesinnt,
        Wie Menschen-Undank ist.
        Dein Zahn nagt nicht so sehr,
        Weil man nicht weiß, woher,
        Wiewohl du heftig bist.

---

28 *modern instances* (abgedroschene Beispiele).
29 *shanks* (Waden, Beine).

Heisa! singt heisa! den grünenden Bäumen!
Die Freundschaft ist falsch und die Liebe nur
Träumen.
Drum heisa, den Bäumen!
Den lustigen Räumen!
Frier, frier, du Himmelsgrimm!
Du beißest nicht so schlimm
Als Wohltat, nicht erkannt;
Erstarrst du gleich die Flut,
Viel schärfer sticht das Blut
Ein Freund, von uns gewandt.
Heisa! singt heisa! den grünenden Bäumen!
Die Freundschaft ist falsch und die Liebe nur
Träumen.
Drum heisa, den Bäumen!
Den lustigen Räumen!

HERZOG. Wenn Ihr der Sohn des guten Roland seid,
Wie Ihr mir eben redlich[30] zugeflüstert
Und wie mein Aug' sein Ebenbild bezeugt,
Das konterfeit in Eurem Antlitz lebt:
Seid herzlich hier begrüßt! Ich bin der Herzog,
Der Euren Vater liebte: Eu'r ferners Schicksal,
Kommt und erzählt's in meiner Höhle mir. –
Willkommen, guter Alter, wie dein Herr!
Führt ihn am Arme. – Gebt mir Eure Hand,
Und macht mir Euer ganz Geschick bekannt.
(Alle ab.)

---

30 *faithfully* (glaubwürdig).

Dritter Akt

Erste Szene

Ein Zimmer im Palast.
Herzog Friedrich, Oliver, Herren vom Hofe und Gefolge.

HERZOG FRIEDRICH. Ihn nicht gesehn seitdem? Herr!
                              Herr! das kann nicht sein.
   Bestünd' aus Milde nicht mein größter Teil,
   So sucht' ich kein entferntes Ziel der Rache,
   Da du zur Stelle bist. – Doch sieh dich vor,
   Schaff deinen Bruder, sei er, wo er will,
   Such ihn mit Kerzen, bring in Jahresfrist
   Ihn lebend oder tot: sonst komm nie wieder,
   Auf unserm Boden Unterhalt zu suchen.
   Was du nur dein nennst, Land und andres Gut,
   Des Einziehns wert, fällt unsrer Hand anheim,
   Bis du durch deines Bruders Mund dich lösest
   Von allem, was wir gegen dich gedacht.
OLIVER. O kennt' Eu'r Hoheit hierin nur mein Herz!
   Ich liebt' im Leben meinen Bruder nicht.
HERZOG FRIEDRICH.
   Schurk' um so mehr! – Stoßt ihn zur Tür hinaus.
   Lasst die Beamten diese Art Beschlag
   Ihm legen auf sein Haus und Länderein;
   Tut in der Schnelle dies und schafft ihn fort!
   (Alle ab.)

Zweite Szene

Der Wald.
Orlando kommt mit einem Blatt Papier.

ORLANDO. Da häng, mein Vers, der Liebe zum Beweis!
    Und du, o Königin der Nacht dort oben!
    Sieh keuschen Blicks aus deinem blassen Kreis
    Den Namen deiner Jäg'rin hier erhoben.
    O Rosalinde! sei der Wald mir Schrift,
    Ich grabe mein Gemüt in alle Rinden,
    Dass jedes Aug', das diese Bäume trifft,
    Ringsum bezeugt mag deine Tugend finden.
    Auf, auf, Orlando! rühme spät und früh
    Die schöne, keusche, unnennbare Sie. *(Ab.)*
    (Corinnus und Probstein treten auf.)
CORINNUS. Und wie gefällt Euch dies Schäferleben, Meister Probstein?
PROBSTEIN. Wahrhaftig, Schäfer, an und für sich betrachtet, ist es ein gutes Leben; aber in Betracht, dass es ein Schäferleben ist, taugt es nichts. In Betracht, dass es einsam ist, mag ich es wohl leiden, aber in Betracht, dass es stille ist, ist es ein sehr erbärmliches Leben. Ferner, in Betracht, dass es auf dem Lande ist, steht es mir an; aber in Betracht, dass es nicht am Hofe ist, wird es langweilig. Insofern es ein mäßiges Leben ist, seht Ihr, ist es nach meinem Sinn; aber insofern es nicht reichlicher dabei zugeht, streitet es sehr gegen meine Neigung. Verstehst Philosophie, Schäfer?
CORINNUS. Mehr nicht, als dass ich weiß, dass einer sich desto schlimmer befindet, je kränker er ist, und wem's

an Geld, Gut und Genügen gebricht, dass dem drei gute Freunde fehlen; dass des Regens Eigenschaft ist zu nässen, und des Feuers zu brennen; dass gute Weide fette Schafe macht und die Nacht hauptsächlich vom Mangel an Sonne kommt; dass einer, der weder durch Natur noch Kunst zu Verstand gekommen wäre, sich über die Erziehung zu beklagen hätte oder aus einer sehr dummen Sippschaft sein müsste.

PROBSTEIN. So einer ist ein natürlicher Philosoph. Warst je am Hofe, Schäfer?

CORINNUS. Nein, wahrhaftig nicht.

PROBSTEIN. So wirst du in der Hölle gebraten.

CORINNUS. Ei, ich hoffe[31] –

PROBSTEIN. Wahrhaftig, du wirst gebraten, wie ein schlecht geröstet Ei, nur an einer Seite.

CORINNUS. Weil ich nicht am Hofe gewesen bin? Euren Grund!

PROBSTEIN. Nun, wenn du nicht am Hofe gewesen bist, so hast du niemals gute Sitten gesehn. Wenn du niemals gute Sitten gesehn hast, so müssen deine schlecht sein, und alles Schlechte ist Sünde, und Sünde führt in die Hölle. Du bist in einem verfänglichen Zustande, Schäfer.

CORINNUS. Ganz und gar nicht, Probstein. Was bei Hofe gute Sitten sind, die sind so lächerlich auf dem Lande, als ländliche Weise bei Hofe zum Spott dient. Ihr sagtet mir, bei Hofe verbeugt Ihr Euch nicht, sondern küsst Eure Hand[32]. Das wäre eine sehr unreinliche Höflichkeit, wenn Hofleute Schäfer wären.

---

31 *Nay, I hope* (Nein, hoffe ich).
32 *kiss your hands* (küsst Euch die Hände).

PROBSTEIN. Den Beweis, kürzlich, den Beweis!

CORINNUS. Nun, wir müssen unsre Schafe immer angreifen, und ihre Felle sind fettig, wie Ihr wisst.

PROBSTEIN. Schwitzen die Hände unsrer Hofleute etwa nicht, und ist das Fett von einem Schafe nicht so gesund wie der Schweiß von einem Menschen? Einfältig! einfältig! Einen besseren Beweis! her damit!

CORINNUS. Auch sind unsre Hände hart.

PROBSTEIN. Eure Lippen werden sie desto eher fühlen. Wiederum einfältig! Einen tüchtigeren Beweis!

CORINNUS. Und sind oft ganz beteert vom Bepflastern unsrer Schafe. Wollt Ihr, dass wir Teer küssen sollen? Die Hände der Hofleute riechen nach Bisam.

PROBSTEIN. Höchst einfältiger Mensch! Du wahre Würmerspeise gegen ein gutes Stück Fleisch! Lerne von den Weisen und erwäge! Bisam ist von schlechterer Abkunft als Teer, der unsaubre Abgang einer Katze. Einen bessern Beweis, Schäfer!

CORINNUS. Ihr habt einen zu höfischen Witz für mich; ich lasse es dabei bewenden.

PROBSTEIN. Was? bei der Hölle? Gott helfe dir, einfältiger Mensch! Gott eröffne dir das Verständnis! Du bist ein Strohkopf.

CORINNUS. Herr, ich bin ein ehrlicher Tagelöhner; ich verdiene, was ich esse, erwerbe, was ich trage, hasse keinen Menschen, beneide niemandes Glück, freue mich über andrer Leute Wohlergehn, bin zufrieden mit meinem Ungemach, und mein größter Stolz ist, meine Schafe weiden und meine Lämmer saugen zu sehn.

PROBSTEIN. Das ist wieder eine einfältige Sünde von Euch, dass Ihr die Schafe und Böcke zusammenbringt und Euch nicht schämt, von der Begattung des Viehs Euren Unterhalt zu ziehn; dass Ihr den Kuppler für einen Leithammel macht und so ein jähriges Lamm einem schiefbeinigen alten Hahnrei von Widder überantwortet, gegen alle Regeln des Ehestandes. Wenn du dafür nicht in die Hölle kommst, so will der Teufel selbst keine Schäfer: sonst sehe ich nicht, wie du entwischen könntest.

CORINNUS. Hier kommt der junge Herr Ganymed, meiner neuen Herrschaft Bruder.

(Rosalinde kommt mit einem Blatt Papier.)

ROSALINDE *(liest)*.

>>Von dem Ost bis zu den Inden[33],
Ist kein Juwel gleich Rosalinden,
Ihr Wert, beflügelt von den Winden,
Trägt durch die Welt hin Rosalinden.
Alle Schilderein erblinden
Bei dem Glanz von Rosalinden.
Keinen Reiz soll man verkünden
Als den Reiz von Rosalinden.<<

PROBSTEIN. So will ich Euch acht Jahre hintereinander reimen, Essens- und Schlafenszeit ausgenommen; es ist der wahre Butterfrauentrab, wenn sie zu Markte gehn.

ROSALINDE. Fort mit dir, Narr!

PROBSTEIN. Zur Probe:

Sehnt der Hirsch sich nach den Hinden:
Lasst ihn suchen Rosalinden.
Will die Katze sich verbinden:

---

33 *from the east to western Ind* (vom Osten bis nach Westindien).

Glaubt, sie macht's gleich Rosalinden.
Reben müssen Bäum' umwinden:
So tut's nötig Rosalinden.
Wer da mäht, muss Garben binden:
Auf den Karrn mit Rosalinden.
Süße Nuss hat saure Rinden;
Solche Nuss gleicht Rosalinden.
Wer süße Rosen sucht, muss finden
Der Liebe Dorn und Rosalinden.

Das ist der eigentliche falsche Vers-Galopp. Warum behängt Ihr Euch mit ihnen?

ROSALINDE. Still, dummer Narr! Ich fand sie an einem Baum.

PROBSTEIN. Wahrhaftig, der Baum trägt schlechte Früchte.

ROSALINDE. Ich will Euch auf ihn impfen, und dann wird er Mispeln tragen[34]: denn Eure Einfälle verfaulen, ehe sie halb reif sind, und das ist eben die rechte Tugend einer Mispel.

PROBSTEIN. Ihr habt gesprochen, aber ob gescheit oder nicht, das mag der Wald richten.

(Celia kommt mit einem Blatt Papier.)

ROSALINDE. Still! hier kommt meine Schwester und liest; gehn wir beiseit.

CELIA. »Sollten schweigen diese Räume,
Weil sie unbevölkert? Nein.
Zungen häng ich an die Bäume,
Dass sie reden Sprüche fein.
Bald, wie rasch das Menschenleben

---

34 Es folgt: *then it will be the first fruit i'th'country* (dazu wird es die erste Frucht im Lande sein).

Seine Pilgerfahrt durchläuft;
Wie die Zeit, ihm zugegeben,
Eine Spanne ganz begreift.
Bald, wie Schwüre falsch sich zeigen,
Wie sich Freund vom Freunde trennt.
Aber an den schönsten Zweigen
Und an jedes Spruches End
Soll man Rosalinde lesen,
Und verbreiten soll der Ruf,
Dass der Himmel aller Wesen
Höchsten Ausbund in ihr schuf.
Drum hieß die Natur sein Wille
Eine menschliche Gestalt
Zieren mit der Gaben Fülle.
Die Natur mischt' alsobald
Helenens Wange, nicht ihr Herz;
Cleopatrens Herrlichkeit;
Atalantens leichten Scherz[35]
Und Lukreziens Sittsamkeit.
So ward durch einen Himmelsbund
Aus vielen Rosalind' ersonnen,
Aus manchem Herzen, Aug' und Mund,
Auf dass sie jeden Reiz gewonnen.
Der Himmel gab ihr dieses Recht,
Und tot und lebend mich zum Knecht.«

ROSALINDE. O gütiger Jupiter! – Mit welcher langweiligen
Liebespredigt habt Ihr da Eure Gemeinde müde gemacht
und nicht einmal gerufen: Geduld, gute Leute!

---

35 *Atalanta's better part* (Atalantes bessere Seite). Gemeint ist ihre
Keuschheit, im Gegensatz zu ihrer Grausamkeit.

CELIA. Seht doch, Freunde hinterm Rücken?[36] – Schäfer, geh ein wenig abseits. – Geh mit ihm, Bursch.

PROBSTEIN. Kommt, Schäfer, lasst uns einen ehrenvollen Rückzug machen, wenngleich nicht mit Sang und Klang, doch mit Sack und Pack.

(Corinnus und Probstein ab.)

CELIA. Hast du diese Verse gehört?

ROSALINDE. O ja, ich hörte sie alle und noch was drüber: denn einige hatten mehr Füße, als die Verse tragen konnten.

CELIA. Das tut nichts, die Füße konnten die Verse tragen.

ROSALINDE. Ja, aber die Füße waren lahm und konnten sich nicht außerhalb des Verses bewegen, und darum standen sie so lahm im Verse.

CELIA. Aber hast du gehört, ohne dich zu wundern, dass dein Name an den Bäumen hängt und eingeschnitten ist?

ROSALINDE. Ich war schon sieben Tage in der Woche über alles wundern hinaus[37], ehe du kamst: denn sieh nur, was ich an einem Palmbaum fand. Ich bin nicht so bereimt worden seit Pythagoras' Zeiten, wo ich eine Ratte war, die sie mit schlechten Versen vergaben[38], was ich mir kaum noch erinnern kann.

---

36 *back, friends* (zurück, Freunde). Interpunktion gegenüber der Folio geändert.

37 *I am seven of the nine days out of the wonder* (ich hatte mich schon sieben von neun Tagen nicht mehr gewundert; d. h. nur kurze Zeit).

38 *an Irish rat* (eine irische Ratte). Bei den Iren hieß es, man könne Ratten mit Gedichten töten. Weiter: *which I can hardly remember* (woran ich mich kaum erinnern kann).

CELIA. Rätst du, wer es getan hat?

ROSALINDE. Ist es ein Mann?

CELIA. Mit einer Kette um den Hals, die du sonst getragen hast. Veränderst du die Farbe?

ROSALINDE. Ich bitte dich, wer?

CELIA. O Himmel! Himmel! Es ist ein schweres Ding für Freunde, sich wieder anzutreffen, aber Berg und Tal kommen im Erdbeben zusammen.

ROSALINDE. Nein, sag, wer ist's?

CELIA. Ist es möglich?

ROSALINDE. Ich bitte dich jetzt mit der allerdringendsten Inständigkeit, sag mir, wer es ist.

CELIA. O wunderbar, wunderbar und höchst wunderbarlich wunderbar, und nochmals wunderbar und über alle Wunder weg.

ROSALINDE. O du liebe Ungeduld![39] Denkst du, weil ich wie ein Mann ausstaffiert bin, dass auch meine Gemütsart in Wams und Hosen ist? Ein Zollbreit mehr Aufschub ist eine Südsee weit von der Entdeckung. Ich bitte dich, sag mir, wer ist es? Geschwind, und sprich hurtig! Ich wollte, du könntest stottern, dass dir dieser verborgne Mann aus dem Munde käme wie Wein aus einer enghalsigen Flasche, entweder zuviel auf einmal oder gar nichts. Ich bitte dich, nimm den Kork aus deinem Munde, damit ich deine Zeitungen trinken kann.

CELIA. Da könntest du einen Mann mit in den Leib bekommen.

---

39 *Good my complexion* (O je, mein Aussehen, wie sehe ich aus). Bedeutung umstritten.

ROSALINDE. Ist er von Gottes Machwerk? was für eine Art von Mann? Ist sein Kopf einen Hut wert oder sein Kinn einen Bart?

CELIA. Nein, er hat nur wenig Bart.

ROSALINDE. Nun, Gott wird mehr bescheren, wenn der Mensch recht dankbar ist: ich will den Wuchs von seinem Bart schon abwarten, wenn du mir nur die Kenntnis von seinem Kinn nicht länger vorenthältst.

CELIA. Es ist der junge Orlando, der den Ringer und dein Herz in einem Augenblick zum Falle brachte.

ROSALINDE. Nein, der Teufel hole das Spaßen! Sag auf dein ehrlich Gesicht und Mädchentreue.

CELIA. Auf mein Wort, Muhme, er ist es.

ROSALINDE. Orlando?

CELIA. Orlando.

ROSALINDE. Ach liebe Zeit! was fange ich nun mit meinem Wams und Hosen an? – Was tat er, wie du ihn sahst? Was sagte er? Wie sah er aus? Wie trug er sich? Was macht er hier? Frug er nach mir? Wo bleibt er? Wie schied er von dir, und wann wirst du ihn wiedersehn? Antworte mir mit einem Wort.

CELIA. Da musst du mir erst Gargantuas Mund leihen: es wäre ein zu großes Wort für irgendeinen Mund, wie sie heutzutage sind. Ja und nein auf diese Artikel zu sagen, ist mehr als in einer Kinderlehre antworten.

ROSALINDE. Aber weiß er, dass ich in diesem Lande bin, und in Mannskleidern? Sieht er so munter aus wie an dem Tage, wo wir ihn ringen sahen?

CELIA. Es ist ebenso leicht, Sonnenstäubchen zu zählen als die Aufgaben eines Verliebten zu lösen. Doch nimm ein Pröbchen von meiner Entdeckung und koste es recht aufmerksam. – Ich fand ihn unter einem Baum, wie eine abgefallne Eichel.

ROSALINDE. Der mag wohl Jupiters Baum heißen, wenn er solche Früchte fallen lässt.

CELIA. Verleiht mir Gehör, wertes Fräulein.

ROSALINDE. Fahret fort.

CELIA. Da lag er, hingestreckt wie ein verwundeter Ritter.

ROSALINDE. Wenn es gleich ein Jammer ist, solch einen Anblick zu sehn, so muss er sich doch gut ausgenommen haben.

CELIA. Ruf deiner Zunge holla zu, ich bitte dich; sie macht zur Unzeit Sprünge. Er war wie ein Jäger gekleidet.

ROSALINDE. O Vorbedeutung! Er kommt, mein Herz zu erlegen.

CELIA. Ich möchte mein Lied ohne Chor singen[40], du bringst mich aus der Weise.

ROSALINDE. Wisst Ihr nicht, dass ich ein Weib bin? Wenn ich denke, muss ich sprechen. Liebe, sag weiter.

(Orlando und Jaques treten auf.)

CELIA. Du bringst mich heraus. – Still! kommt er da nicht?

ROSALINDE. Er ist's! Schlüpft zur Seite und lasst uns ihn aufs Korn nehmen.

(Celia und Rosalinde verbergen sich.)

JAQUES. Ich danke Euch für geleistete Gesellschaft, aber meiner Treu, ich wäre ebenso gern allein gewesen.

ORLANDO. Ich auch, aber um der Sitte willen danke ich Euch gleichfalls für Eure Gesellschaft.

JAQUES. Der Himmel behüt' Euch! Lasst uns so wenig zusammenkommen wie möglich.

---

40 *burden*, fälschlich für *bourdon* (Begleitstimme, Begleitung).

ORLANDO. Ich wünsche mir Eure entferntere Bekanntschaft.

JAQUES. Ich ersuche Euch, verderbt keine Bäume weiter
damit, Liebeslieder in die Rinden zu schneiden.

ORLANDO. Ich ersuche Euch, verderbt meine Verse nicht
weiter damit, sie erbärmlich abzulesen.

JAQUES. Rosalinde ist Eurer Liebsten Name?

ORLANDO. Wie Ihr sagt.

JAQUES. Ihr Name gefällt mir nicht.

ORLANDO. Es war nicht die Rede davon, Euch zu gefallen,
wie sie getauft wurde.

JAQUES. Von welcher Statur ist sie?

ORLANDO. Grade so hoch wie mein Herz.

JAQUES. Ihr seid voll artiger Antworten. Habt Ihr Euch etwa mit Goldschmiedweibern abgegeben und solche
Sprüchlein von Ringen zusammengelesen?

ORLANDO. Das nicht; aber ich antworte Euch wie die Ta-
petenfiguren, aus deren Munde Ihr Eure Fragen studiert
habt.

JAQUES. Ihr habt einen behenden Witz, ich glaube, er ist
aus Atalantens Fersen gemacht. Wollt Ihr Euch mit mir
setzen, so wollen wir zusammen über unsre Gebieterin,
die Welt, und unser ganzes Elend schmähen.

ORLANDO. Ich will kein lebendig Wesen in der Welt schelten als mich selber, an dem ich die meisten Fehler kenne.

JAQUES. Der ärgste Fehler, den Ihr habt, ist verliebt zu
sein.

ORLANDO. Das ist ein Fehler, den ich nicht mit Eurer besten Tugend vertauschte. – Ich bin Euer müde.

JAQUES. Meiner Treu, ich suchte eben einen Narren, da ich
Euch fand.

ORLANDO. Er ist in den Bach gefallen[41]: guckt nur hinein, so werdet Ihr ihn sehn.

JAQUES. Da werde ich meine eigne Person sehen.

ORLANDO. Die ich entweder für einen Narren oder eine Null halte.

JAQUES. Ich will nicht länger bei Euch verweilen. Lebt wohl, guter Signor Amoroso.

ORLANDO. Ich freue mich über Euren Abschied. Gott befohlen, guter Monsieur Melancholie.

(Jaques ab. Celia und Rosalinde treten hervor.)

ROSALINDE. Ich will wie ein naseweiser Lakai mit ihm sprechen und ihn unter der Gestalt zum besten haben. – Hört Ihr, Jäger?

ORLANDO. Recht gut: was wollt Ihr?

ROSALINDE. Sagt mir doch, was ist die Glocke?

ORLANDO. Ihr solltet mich fragen, was ist's an der Zeit, es gibt keine Glocke im Walde.

ROSALINDE. So gibt's auch keinen rechten Liebhaber im Walde, sonst würde jede Minute ein Seufzen und jede Stunde ein Ächzen den trägen Fuß der Zeit so gut anzeigen wie eine Glocke.

ORLANDO. Und warum nicht den schnellen Fuß der Zeit? Wäre das nicht ebenso passend gewesen?

ROSALINDE. Mitnichten, mein Herr. Die Zeit reiset in verschiednem Schritt mit verschiednen Personen. Ich will Euch sagen, mit wem die Zeit den Pass geht, mit wem sie trabt, mit wem sie galoppiert und mit wem sie stillsteht.

ORLANDO. Ich bitte dich, mit wem trabt sie?

ROSALINDE. Ei, sie trabt hart mit einem jungen Mädchen

---

41 *drowned* (ertrunken).

zwischen der Verlobung und dem Hochzeitstage. Wenn auch nur acht Tage dazwischen hingehn, so ist der Trab der Zeit so hart, dass es ihr wie acht Jahre vorkommt.

ORLANDO. Mit wem geht die Zeit den Pass?

ROSALINDE. Mit einem Priester, dem es an Latein gebricht, und einem reichen Manne, der das Podagra nicht hat. Denn der eine schläft ruhig, weil er nicht studieren kann, und der andre lebt lustig, weil er keinen Schmerz fühlt; den einen drückt nicht die Last dürrer und auszehrender Gelehrsamkeit, der andre kennt die Last schweren mühseligen Mangels nicht. Mit diesen geht die Zeit den Pass.

ORLANDO. Mit wem galoppiert sie?

ROSALINDE. Mit dem Diebe zum Galgen; denn ginge er auch noch so sehr Schritt vor Schritt, so denkt er doch, dass er zu früh kommt.

ORLANDO. Mit wem steht sie still?

ROSALINDE. Mit Advokaten in den Gerichtsferien; denn sie schlafen von Session zu Session und werden also nicht gewahr, wie die Zeit fortgeht.

ORLANDO. Wo wohnt Ihr, artiger junger Mensch?

ROSALINDE. Bei dieser Schäferin, meiner Schwester; hier am Saum des Waldes, wie Fransen an einem Rock.

ORLANDO. Seid Ihr hier einheimisch?

ROSALINDE. Wie das Kaninchen, das zu wohnen pflegt, wo es zur Welt gekommen ist.

ORLANDO. Eure Aussprache ist etwas feiner, als Ihr sie an einem so abgelegnen Ort Euch hättet erwerben können.

ROSALINDE. Das haben mir schon viele gesagt; aber in der Tat, ein alter geistlicher Onkel von mir lehrte mich reden: er war in seiner Jugend ein Städter und gar zu gut mit dem Hofmachen bekannt, denn er verliebte sich dabei. Ich habe ihn manche Predigt dagegen halten hören und danke Gott, dass ich kein Weib bin und keinen Teil an allen den Verkehrtheiten habe, die er ihrem ganzen Geschlecht zur Last legte.

ORLANDO. Könnt Ihr Euch nicht einiger von den vornehmsten Untugenden erinnern, die er den Weibern aufbürdete?

ROSALINDE. Es gab keine vornehmsten darunter: sie sahen sich alle gleich wie Pfennige; jeder einzelne Fehler schien ungeheuer, bis sein Mitfehler sich neben ihn stellte.

ORLANDO. Bitte, sagt mir einige davon.

ROSALINDE. Nein, ich will meine Arznei nicht wegwerfen, außer an Kranke. Es spukt hier ein junger Mensch im Walde herum, der unsre junge Baumzucht missbraucht, den Namen Rosalinde in die Rinden zu graben, der Oden an Weißdornen hängt und Elegien an Brombeersträuche, alle – denkt doch! – um Rosalindens Namen zu vergöttern. Könnte ich diesen Herzenskrämer antreffen, so gäbe ich ihm einen guten Rat, denn er scheint mit dem täglichen Liebesfieber behaftet.

ORLANDO. Ich bin's, den die Liebe so schüttelt: ich bitte Euch, sagt mir Euer Mittel.

ROSALINDE. Es ist keins von meines Onkels Merkmalen an Euch zu finden. Er lehrte mich einen Verliebten erkennen; ich weiß gewiss, Ihr seid kein Gefangner in diesem Käficht.[42]

ORLANDO. Was waren seine Merkmale?

ROSALINDE. Eingefallne Wangen, die Ihr nicht habt; Au-

---

42 *cage of rushes* (Binsenkäfig).

gen mit blauen Rändern, die Ihr nicht habt; ein gleich-
gültiger[43] Sinn, den Ihr nicht habt; ein verwilderter Bart,
den Ihr nicht habt; – doch den erlasse ich Euch, denn,
aufrichtig, was Ihr an Bart besitzet, ist eines jüngern
Bruders Einkommen. – Dann sollten Eure Kniegürtel lose hängen, Eure Mütze nicht gebunden sein, Eure Ärmel
aufgeknöpft, Eure Schuhe nicht zugeschnürt, und alles
und jedes an Euch müsste eine nachlässige Trostlosigkeit
verraten. Aber solch ein Mensch seid Ihr nicht. Ihr seid
vielmehr geschniegelt in Eurem Anzuge, mehr wie einer, der in sich selbst verliebt als sonst jemands Liebhaber ist.

ORLANDO. Schöner Junge, ich wollte, ich könnte dich
glauben machen, dass ich liebe.

ROSALINDE. Mich das glauben machen? Ihr könntet es
ebensogut Eure Liebste glauben machen, was sie zu tun
williger ist, dafür steh ich Euch, als zu gestehn, dass sie
es tut: das ist einer von den Punkten, worin die Weiber
immer ihr Gewissen Lügen strafen. Aber in ganzem
Ernst, seid Ihr es, der die Verse an die Bäume hängt, in
denen Rosalinde so bewundert wird?

ORLANDO. Ich schwöre dir, junger Mensch, bei Rosalindens weißer Hand: ich bin es, ich bin der Unglückliche.

ROSALINDE. Aber seid Ihr so verliebt, als Eure Reime be-
zeugen?

ORLANDO. Weder Gereimtes noch Ungereimtes kann aus-
drücken, wie sehr.

ROSALINDE. Liebe ist eine bloße Tollheit, und ich sage
Euch, verdient ebensogut eine dunkle Zelle und Peitsche

43 *unquestionable* (unzweifelhaft, einwandfrei).

als andre Tolle; und die Ursache, warum sie nicht so ge-
züchtigt und geheilt wird, ist, weil sich diese Mond-
sucht[44] so gemein gemacht hat, dass die Zuchtmeister
selbst verliebt sind. Doch kann ich sie mit gutem Rat
heilen.

ORLANDO. Habt Ihr irgendwen so geheilt?

ROSALINDE. Ja, einen, und zwar auf folgende Weise. Er
musste sich einbilden, dass ich seine Liebste, seine Gebieterin wäre, und alle Tage hielt ich ihn an, um mich
zu werben. Ich, der ich nur ein launenhafter Junge bin,
grämte mich dann, war weibisch, veränderlich, wusste
nicht, was ich wollte, stolz, phantastisch, grillenhaft,
läppisch, unbeständig, bald in Tränen, bald voll Lächeln,
von jeder Leidenschaft etwas und von keiner etwas
Rechtes, wie Kinder und Weiber meistenteils in diese
Farben schlagen. Bald mochte ich ihn leiden, bald konnte ich ihn nicht ausstehn, dann machte ich mir mit ihm
zu schaffen, dann sagte ich mich von ihm los; jetzt
weinte ich um ihn, jetzt spie ich vor ihm aus: so dass ich
meinen Bewerber aus einem tollen Anfall von Liebe in
einen leibhaften Anfall von Tollheit versetzte, welche
darin bestand, das Getümmel der Welt zu verschwören und in einem mönchischen Winkel zu leben. Und
so heilte ich ihn, und auf diese Art nehme ich es über
mich, Euer Herz so rein zu waschen wie ein gesundes
Schafherz, dass nicht ein Fleckchen Liebe mehr daran
sein soll.

ORLANDO. Ihr würdet mich nicht heilen, junger Mensch.

ROSALINDE. Ich würde Euch heilen, wolltet Ihr mich nur

---

44 *lunacy* (Verrücktheit).

Rosalinde nennen und alle Tage in meine Hütte kommen und um mich werben.

ORLANDO. Nun, bei meiner Treue im Lieben, ich will es: sagt mir, wo sie ist.

ROSALINDE. Geht mit mir, so will ich sie Euch zeigen, und unterwegs sollt Ihr mir sagen, wo Ihr hier im Walde wohnt. Wollt Ihr kommen?

ORLANDO. Von ganzem Herzen, guter Junge.

ROSALINDE. Nein, Ihr müsst mich Rosalinde nennen. – Komm, Schwester, lass uns gehn.
(Alle ab.)

Dritte Szene

Der Wald.
Probstein und Käthchen kommen. Jaques in der Ferne belauscht sie.

PROBSTEIN. Komm hurtig, gutes Käthchen; ich will deine Ziegen zusammenholen, Käthchen. Und sag, Käthchen: bin ich der Mann noch, der dir ansteht? Bist du mit meinen schlichten Zügen zufrieden?

KÄTHCHEN. Eure Züge? Gott behüte! Was sind das für Streiche?

PROBSTEIN. Ich bin hier bei Käthen und ihren Ziegen, wie der Dichter, der die ärgsten Bocksprünge machte, der ehrliche Ovid, unter den Geten.

JAQUES. O schlecht logierte Gelehrsamkeit! schlechter als Jupiter unter einem Strohdach!

PROBSTEIN. Wenn eines Menschen Verse nicht verstanden werden und eines Menschen Witz von dem geschickten Kinde Verstand nicht unterstützt wird, das schlägt einen Menschen härter nieder als eine große Rechnung in einem kleinen Zimmer. – Wahrhaftig, ich wollte, die Götter hätten dich poetisch gemacht.

KÄTHCHEN. Ich weiß nicht, was poetisch ist. Ist es ehrlich in Worten und Werken? Besteht es mit der Wahrheit?

PROBSTEIN. Nein, wahrhaftig nicht: denn die wahrste Poesie erdichtet am meisten, und Liebhaber sind der Poesie ergeben, und was sie in Poesie schwören, davon kann man sagen, sie erdichten es als Liebhaber.

KÄTHCHEN. Könnt Ihr denn wünschen, dass mich die Götter poetisch gemacht hätten?

PROBSTEIN. Ich tu es wahrlich, denn du schwörst mir zu, dass du ehrbar bist. Wenn du nun ein Poet wärest, so hätte ich einige Hoffnung, dass du erdichtetest.

KÄTHCHEN. Wolltet Ihr denn nicht, dass ich ehrbar wäre?

PROBSTEIN. Nein, wahrhaftig nicht, du müsstest denn sehr hässlich sein: denn Ehrbarkeit mit Schönheit gepaart ist wie eine Honigbrühe über Zucker.

JAQUES. Ein sinnreicher Narr!

KÄTHCHEN. Gut, ich bin nicht schön, und darum bitte ich die Götter, dass sie mich ehrbar machen.

PROBSTEIN. Wahrhaftig, Ehrbarkeit an eine garstige Schmutzdirne wegzuwerfen, hieße gut Essen auf eine unreinliche Schüssel legen.

KÄTHCHEN. Ich bin keine Schmutzdirne, ob ich schon den Göttern danke, dass ich garstig bin.

PROBSTEIN. Gut, die Götter seien für deine Garstigkeit gepriesen, die Schmutzigkeit kann noch kommen. Aber sei es, wie es will, ich heirate dich, und zu dem Ende bin ich bei Ehrn Olivarius Textdreher gewesen, dem Pfarrer im nächsten Dorf, der mir versprochen hat, mich an diesem Platz im Walde zu treffen und uns zusammenzugeben.

JAQUES *(beiseit)*. Die Zusammenkunft möchte ich mit ansehn.

KÄTHCHEN. Nun, die Götter lassen es wohl gelingen!

PROBSTEIN. Amen! Wer ein zaghaft Herz hätte, möchte wohl bei diesem Unternehmen stutzen: denn wir haben hier keinen Tempel als den Wald, keine Gemeinde als Hornvieh. Aber was tut's? Mutig! Hörner sind verhasst, aber unvermeidlich. Es heißt, mancher Mensch weiß des Guten kein Ende; recht: mancher Mensch hat gute Hörner und weiß ihrer kein Ende. Wohl! es ist das Zugebrachte von seinem Weibe, er hat es nicht selbst erworben. – Hörner? Nun ja! Arme Leute allein? – Nein, nein, der edelste Hirsch hat sie so hoch wie der Schurke[45]. Ist der ledige Mann darum gesegnet? Nein. Wie eine Stadt mit Mauern vornehmer ist als ein Dorf, so ist die Stirn eines verheirateten Mannes ehrenvoller als die nackte Schläfe eines Junggesellen; und um so viel besser Schutzwehr ist als Unvermögen, um so viel kostbarer ist ein Horn als keins.

(Ehrn Olivarius Textdreher kommt.)

Hier kommt Ehrn Olivarius. – Ehrn Olivarius Textdreher, gut, dass wir Euch treffen. Wollt Ihr uns hier unter diesem Baum abfertigen, oder sollen wir mit Euch in Eure Kapelle gehn?

EHRN OLIVARIUS. Ist niemand da, um die Braut zu geben?

---

45 *rascal* (hier: der geringste, niedrigste).

PROBSTEIN. Ich nehme sie nicht als Gabe von irgendeinem Mann.

EHRN OLIVARIUS. Sie muss gegeben werden, oder die Heirat ist nicht gültig.

JAQUES *(tritt vor)*. Nur zu! nur zu! ich will sie geben.

PROBSTEIN. Guten Abend, lieber Herr »Wie heißt Ihr doch!« Wie geht's Euch? Schön, dass ich Euch treffe. Gotteslohn für Eure neuliche Gesellschaft! Ich freue mich sehr, Euch zu sehn. Wozu das Ding in der Hand[46], Herr; ich bitte, bedeckt Euch.

JAQUES. Wollt Ihr Euch verheiraten, Hanswurst?

PROBSTEIN. Wie der Ochse sein Joch hat, Herr, das Pferd seine Kinnkette und der Falke seine Schellen, so hat der Mensch seine Wünsche; und wie sich Tauben schnäbeln, so möchte der Ehestand naschen.

JAQUES. Und wollt Ihr, ein Mann von Eurer Erziehung, Euch im Busch verheiraten wie ein Bettler? In die Kirche geht und nehmt einen tüchtigen Priester, der Euch bedeuten kann, was Heiraten ist. Dieser Geselle wird Euch nur so zusammenfügen, wie sie's beim Täfelwerk machen; dann wird eins von Euch eintrocknen und sich werfen wie frisches Holz: knack, knack.

PROBSTEIN *(beiseit)*. Ich denke nicht anders, als mir wäre besser, von ihm getraut zu werden wie von einem andern; denn er sieht mir aus, als wenn er mich nicht recht trauen würde, und wenn er mich nicht recht traut, so ist das nachher ein guter Vorwand, mein Weib im Stiche zu lassen.

JAQUES. Geh mit mir, Freund, und höre meinen Rat.

---

46 *Even a toy in hand here* (Nur eine Kleinigkeit hier zu erledigen).

PROBSTEIN. Komm, lieb Käthchen!
>Du wirst noch meine Frau, oder du bleibst mein
>>Mädchen.
>Lebt wohl, Ehrn Olivarius.
>>Nicht: »O holder Oliver!
>>O wackrer Oliver!
>>Lass mich nicht hinter dir.«
>>Nein: pack dich fort!
>>Geh! auf mein Wort,
>>Ich will nicht zur Trauung mit dir.
>*(Jaques, Probstein und Käthchen ab.)*

EHRN OLIVARIUS. Es tut nichts. Keiner von allen diesen phantastischen Schelmen zusammen soll mich aus meinem Beruf herausnecken. *(Ab.)*

Vierte Szene

Der Wald. Vor einer Hütte.
Rosalinde und Celia treten auf.

ROSALINDE. Sage mir nichts weiter, ich will weinen.

CELIA. Tu es nur, aber sei doch so weise[47], zu bedenken, dass Tränen einem Mann nicht anstehn.

ROSALINDE. Aber habe ich nicht Ursache zu weinen?

CELIA. So gute Ursache sich einer nur wünschen mag. Also weine.

ROSALINDE. Selbst sein Haar ist von einer falschen Farbe.

---

47 *have the grace* (sei so freundlich).

CELIA. Nur etwas brauner als des Judas seins. Ja, seine Küsse sind rechte Judaskinder.

ROSALINDE. Sein Haar ist bei alledem von einer hübschen Farbe.

CELIA. Eine herrliche Farbe: es geht nichts über Nussbraun.

ROSALINDE. Und seine Küsse sind so voll Heiligkeit, wie die Berührung des geweihten Brotes.

CELIA. Er hat ein Paar abgelegte Lippen der Diana gekauft; eine Nonne von des Winters Schwesterschaft küsst nicht geistlicher; das wahre Eis der Keuschheit ist in ihnen.

ROSALINDE. Aber warum versprach er mir diesen Morgen zu kommen und kommt nicht?

CELIA. Nein gewisslich, es ist keine Treu und Glauben in ihm.

ROSALINDE. Denkst du das?

CELIA. Nun, ich glaube, er ist weder ein Beutelschneider noch ein Pferdedieb; aber was seine Wahrhaftigkeit in der Liebe betrifft, so halte ich ihn für so hohl als einen umgekehrten Becher oder eine wurmstichige Nuss.

ROSALINDE. Nicht wahrhaft in der Liebe?

CELIA. Ja, wenn er verliebt ist, aber mich dünkt, das ist er nicht.

ROSALINDE. Du hörtest ihn doch hoch und teuer beschwören, dass er es war.

CELIA. *War* ist nicht *ist*. Auch ist der Schwur eines Liebhabers nicht zuverlässiger als das Wort eines Bierschenken: sie bekräftigen beide falsche Rechnungen. Er begleitet hier im Walde den Herzog, Euren Vater.

ROSALINDE. Ich begegnete dem Herzoge gestern und

musste ihm viel Rede stehn. Er fragte mich, von welcher Herkunft ich wäre; ich sagte ihm, von einer ebenso guten als er: er lachte und ließ mich gehn. Aber was sprechen wir von Vätern, solange ein Mann wie Orlando in der Welt ist?

CELIA. Oh, das ist ein tapfrer Mann! Er macht tapfre Verse, spricht tapfre Worte, schwört tapfre Eide und bricht sie tapferlich der Quere, grade vor seiner Liebsten Herz, wie ein jämmerlicher Turnierer, der sein Pferd nach einer Seite spornt, seine Lanze zerbricht wie ein edler Gimpel[48]. Aber alles ist tapfer, wo Jugend obenauf sitzt und[49] die Zügel lenkt.[50]

(Corinnus kommt.)

CORINNUS. Mein Herr und Fräulein, Ihr befragtet oft
Mich um den Schäfer, welcher Liebe klagte,
Den Ihr bei mir saht sitzen auf dem Rasen,
Wie er die übermüt'ge Schäf'rin pries,
Die seine Liebste war.

CELIA.   Was ist mit ihm?

CORINNUS.

Wollt Ihr ein Schauspiel sehn, wahrhaft gespielt
Von treuer Liebe blassem Angesicht
Und roter Glut des Hohns und stolzen Unmuts:
Geht nur ein Eckchen mit, ich führ Euch hin,
Wenn Ihr's beachten wollt.

ROSALINDE.   O kommt! gehn wir dahin:
Verliebte sehen, nährt Verliebter Sinn.

---

48 *like a noble goose* (wie eine edle Gans).
49 Es fehlt: *folly* (Narrheit).
50 Es folgt: *Who comes here?* (Wer kommt hier?)

Bringt uns zur Stell', und gibt es so das Glück,
So spiel ich eine Roll' in ihrem Stück.
(Alle ab.)

Fünfte Szene

Ein anderer Teil des Waldes.
Silvius und Phöbe treten auf.

SILVIUS.
Höhnt mich nicht, liebe Phöbe! Tut's nicht, Phöbe!
Sagt, dass Ihr mich nicht liebt, doch sagt es nicht
Mit Bitterkeit: der Henker, dessen Herz
Des Tods gewohnter Anblick doch verhärtet,
Fällt nicht das Beil auf den gebeugten Nacken,
Bis er sich erst entschuldigt. Seid Ihr strenger,
Als der von Tropfen Bluts sich nährt und kleidet?
(Rosalinde, Celia und Corinnus kommen in der
Entfernung.[51])
PHÖBE. Ich möchte keineswegs dein Henker sein,
Ich fliehe dich, um dir kein Leid zu tun.
Du sagst mir, dass ich Mord im Auge trage:
's ist artig in der Tat und steht zu glauben,
Dass Augen, diese schwächsten zartsten Dinger,
Die feig ihr Tor vor Sonnenstäubchen schließen,
Tyrannen, Schlächter, Mörder sollen sein.
Ich seh dich finster an von ganzem Herzen:
Verwundet nun mein Aug', so lass dich's töten.

51 *unobserved* (unbeobachtet).

Tu doch, als kämst du um! so fall doch nieder!
Und kannst du nicht: pfui! schäm dich, so zu lügen,
Und sag nicht, meine Augen seien Mörder.
Zeig doch die Wunde, die mein Aug' dir machte.
Ritz dich mit einer Nadel nur, so bleibt
Die Schramme dir; lehn dich auf Binsen nur,
Und es behält den Eindruck[52] deine Hand
Auf einen Augenblick: allein die Augen,
Womit ich auf dich blitzte, tun dir nichts,
Und sicher ist auch keine Kraft in Augen,
Die Schaden tun kann.

SILVIUS.   O geliebte Phöbe!
Begegnet je – wer weiß wie bald dies je! –
Auf frischen Wangen dir der Liebe Macht:
Dann wirst du die geheimen Wunden kennen
Vom scharfen Pfeil der Liebe.

PHÖBE.   Doch bis dahin
Komm mir nicht nah, und wenn die Zeit
                     gekommen,
Kränk mich mit deinem Spott; sei ohne Mitleid,
Wie ich bis dahin ohne Mitleid bin.

ROSALINDE *(tritt vor).*
Warum? ich bitt Euch – wer war Eure Mutter,
Dass Ihr den Unglücksel'gen kränkt und höhnt
Und was nicht alles? Hättet ihr mehr Schönheit[53],
(Wie ich doch wahrlich mehr an Euch nicht sehe,
Als ohne Licht – im Finstern geht zu Bett)

52 *the cicatrice and capable impressure* (den narbenhaften Abdruck
     und eine eindrückliche Vertiefung). Bildliche Vorstellung schwer
     verständlich.
53 *though you have no beauty* (wenngleich Ihr nicht schön seid).

Müsst Ihr deswegen stolz und fühllos sein?
Was heißt das? Warum blickt Ihr so mich an?
Ich seh nicht mehr an Euch, als die Natur
Auf Kauf zu machen pflegt. So wahr ich lebe!
Sie will auch *meine* Augen wohl betören?
Nein, wirklich, stolze Dame! hofft das nicht.
Nicht Euer Rabenhaar, kohlschwarze Brauen,
Glaskugel-Augen, noch die Milchrahm-Wange
kann mich zu Euer Gnaden Sklave machen.[54] –
O blöder Schäfer, warum folgt Ihr ihr,
Wie feuchter Süd, von Wind und Regen
                              schwellend?
Ihr seid ja tausendfach ein hübsch'rer Mann
Als sie ein Weib. Dergleichen Toren füllen
Die Welt mit so viel eigensinn'gen[55] Kindern an.
Der Spiegel nicht, Ihr seid es, der ihr schmeichelt:
Sie sieht in Euch sich hübscher abgespiegelt,
Als ihre Züge sie erscheinen lassen. –
Doch, Fräulein, kennt Euch selbst, fallt auf die Knie,
Dankt Gott mit Fasten für 'nen guten Mann;
Denn als ein Freund muss ich ins Ohr Euch sagen:
Verkauft Euch bald, Ihr seid nicht jedes Kauf.
Liebt diesen Mann! fleht ihm als Eurem Retter![56]
Am hässlichsten ist Hässlichkeit am Spötter.
So nimm sie zu dir, Schäfer. Lebt denn wohl!
PHÖBE. O holder Jüngling, schilt ein Jahr lang so!
Dich hör ich lieber schelten als ihn werben.

---

54 *can entame my spirits to your worship* (können meinen Sinn be-
zähmen, Euch anzubeten).
55 *ill-favoured* (missraten, unansehnlich).
56 Es folgt: *take his offer* (nehmt sein Angebot an).

ROSALINDE. Er hat sich in ihre[57] Hässlichkeit verliebt, und
    sie wird sich in meinen Zorn verlieben. Wenn das ist, so
    will ich sie mit bittern Worten pfeffern, so schnell sie
    dir mit Stirnrunzeln antwortet. – Warum seht Ihr mich
    so an?

PHÖBE. Aus üblem Willen nicht.

ROSALINDE. Ich bitt Euch sehr, verliebt Euch nicht in mich,
    Denn ich bin falscher als Gelübd' im Trunk.
    Zudem, ich mag Euch nicht. Sucht Ihr etwa mein
                  Haus:
    's ist hinter den Oliven, dicht bei an.
    Wollt Ihr gehn, Schwester? – Schäfer, setz ihr zu. –
    Komm, Schwester! – Seid ihm günst'ger, Schäferin,
    Und seid nicht stolz; könnt' alle Welt Euch sehn,
    So blind wird keiner mehr von hinnen gehn[58].
    Zu unsrer Herde, kommt!
    (Rosalinde, Celia und Corinnus ab.)

PHÖBE. O Schäfer![59] nun kommt mir dein Spruch zurück:
    »Wer liebte je, und nicht beim ersten Blick?«

SILVIUS. Geliebte Phöbe –

PHÖBE.   Ha, was sagst du, Silvius?

SILVIUS. Beklagt mich, liebe Phöbe.

PHÖBE. Ich bin um dich bekümmert, guter Silvius.

SILVIUS. Wo die Bekümmernis, wird Hilfe sein.
    Seid Ihr um meinen Liebesgram bekümmert:
    Gebt Liebe mir; mein Gram und Euer Kummer
    Sind beide dann vertilgt.

---

57 *your* (Eure; zu Phöbe).
58 Es fehlt: *as he* (wie er).
59 *Dead shepherd* (toter Schäfer); Anspielung auf den Tod Christopher Marlowes, von dem das Zitat stammt.

PHÖBE. Du hast ja meine Lieb': ist das nicht nachbarlich[60]?

SILVIUS. Dich möcht ich haben.

PHÖBE.   Ei, das wäre Habsucht.
>Die Zeit war, Silvius, da ich dich gehasst;
>Es ist auch jetzt nicht so, dass ich dich liebte.
>Doch weil du kannst so gut von Liebe sprechen,
>So duld ich deinen Umgang, der mir sonst
>Verdrießlich war, und bitt um Dienste dich.
>Allein erwarte keinen andern Lohn
>Als deine eigne Freude, mir zu dienen.

SILVIUS. So heilig und so groß ist meine Liebe,
>Und ich in solcher Dürftigkeit an Gunst,
>Dass ich es für ein reiches Teil muss halten,
>Die Ähren nur dem Manne nachzulesen,
>Dem volle Ernte wird. Verliert nur dann und wann
>Ein flüchtig Lächeln: davon will ich leben.

PHÖBE. Kennst du den jungen Mann, der mit mir sprach?

SILVIUS. Nicht sehr genau, doch traf ich oft ihn an.
>Er hat die Weid' und Schäferei gekauft,
>Die sonst dem alten Carlot[61] zugehört.

PHÖBE. Denk nicht, ich lieb ihn, weil[62] ich nach ihm frage.
>'s ist nur ein kecker Bursch – doch spricht er gut;
>Frag ich nach Worten? – doch tun Worte gut,
>Wenn, der sie spricht, dem, der sie hört, gefällt.
>Es ist ein hübscher Junge – nicht gar hübsch;
>Doch wahrlich, er ist stolz – zwar steht sein Stolz ihm:
>Er wird einmal ein feiner Mann. Das Beste

60 *neighbourly* (im Sinne von »Nächstenliebe«).
61 Nicht Eigenname, sondern »Bauer« (vermutlich Shakespeares Wortschöpfung).
62 *though* (wenngleich).

Ist sein Gesicht, und schneller als die Zunge
Verwundete, heilt' es sein Auge wieder.
Er ist nicht eben groß, doch für sein Alter groß;
Sein Bein ist nur so so, doch macht sich's gut;
Es war ein lieblich Rot auf seinen Lippen,
Ein etwas reiferes und stärkres Rot
Als auf den Wangen: just der Unterschied
Wie zwischen dunkeln und gesprengten Rosen.
Es gibt der Weiber, Silvius, hätten sie
Ihn Stück für Stück betrachtet so wie ich,
Sie hätten sich verliebt; ich, für mein Teil,
Ich lieb ihn nicht, noch hass ich ihn, und doch
Hätt' ich mehr Grund zu hassen als zu lieben.
Denn was hatt' er für Recht, mich auszuschelten?
Er sprach, mein Haar sei schwarz, mein Auge schwarz,
Und wie ich mich entsinne, höhnte mich.
Mich wundert's, dass ich ihm nicht Antwort gab.
Schon gut! Verschoben ist nicht aufgehoben;
Ich will ihm einen Brief voll Spottes schreiben,
Du sollst ihn zu ihm tragen: willst du, Silvius?
SILVIUS. Phöbe, von Herzen gern.
PHÖBE.   Ich schreib ihn gleich;
Der Inhalt liegt im Kopf mir und im Herzen,
Ich werde bitter sein und mehr als kurz.
Komm mit mir, Silvius. *(Ab.)*

Vierter Akt

Erste Szene

Der Wald.
Rosalinde, Celia und Jaques treten auf.

JAQUES. Ich bitte dich, artiger junger Mensch, lass uns besser miteinander bekannt werden.

ROSALINDE. Sie sagen, Ihr wärt ein melancholischer Gesell.

JAQUES. Das bin ich: ich mag es lieber sein als lachen.

ROSALINDE. Die eins von beiden aufs äußerste treiben, sind abscheuliche Bursche und geben sich jedem Tadel preis, ärger als Trunkenbolde.

JAQUES. Ei, es ist doch hübsch, traurig zu sein und nichts zu sagen.

ROSALINDE. Ei, so ist es auch hübsch, ein Türpfosten zu sein.

JAQUES. Ich habe weder des Gelehrten Melancholie, die Nacheiferung ist; noch des Musikers, die phantastisch ist; noch des Hofmanns, die hoffärtig ist; noch des Soldaten, die ehrgeizig ist; noch des Juristen, die politisch[63] ist; noch der Frauen, die zierlich ist; noch des Liebhabers, die das alles zusammen ist: sondern es ist eine Melancholie nach meiner Weise, aus mancherlei Ingredienzen bereitet, von mancherlei Gegenständen abgezogen und wirklich die gesamte Betrachtung meiner Reisen, deren öftere Überlegung mich in eine höchst launische Betrübnis einhüllt.

---

63 *politic* (listig, verschlagen).

ROSALINDE. Ein Reisender? Meiner Treu, Ihr habt große Ursache, betrübt zu sein; ich fürchte, Ihr habt Eure eignen Länder verkauft, um andrer Leute ihre zu sehn. Viel gesehn haben und nichts besitzen, das kommt auf reiche Augen und arme Hände hinaus.

JAQUES. Nun, ich habe Erfahrung gewonnen.

(Orlando tritt auf.)

ROSALINDE. Und Eure Erfahrung macht Euch traurig. Ich möchte lieber einen Narren halten, der mich lustig machte, als Erfahrung, die mich traurig machte. Und noch obendrein darum zu reisen!

ORLANDO. Habt Gruß und Heil, geliebte Rosalinde.

JAQUES. Nein, dann Gott befohlen, wenn Ihr gar in Versen sprecht. *(Ab.)*

ROSALINDE. Fahrt wohl, mein Herr Reisender! Seht zu, dass Ihr lispelt und seltsame Kleidung tragt, macht alles Ersprießliche in Eurem eignen Lande herunter, entzweit Euch mit Euren Sternen und scheltet schier den lieben Gott, dass er Euch kein andres Gesicht gab: sonst glaub ich's Euch kaum, dass Ihr je in einer Gondel gefahren seid. – Nun, Orlando, wo seid Ihr die ganze Zeit her gewesen? Ihr ein Liebhaber? – Spielt Ihr mir noch einmal so einen Streich, so kommt mir nicht wieder vors Gesicht.

ORLANDO. Meine schöne Rosalinde, es ist noch keine Stunde später als ich versprach.

ROSALINDE. Ein Versprechen in der Liebe um eine Stunde brechen? – Wer tausend Teile aus einer Minute macht und nur ein Teilchen von dem tausendsten Teil einer Minute in Liebessachen versäumt, von dem mag man wohl sagen, Cupido hat ihm auf die Schulter geklopft; aber ich stehe dafür, sein Herz ist unversehrt.

ORLANDO. Verzeiht mir, liebe Rosalinde.

ROSALINDE. Nein, wenn Ihr so saumselig seid, so kommt mir nicht mehr vors Gesicht: ich hätte es ebenso gern, dass eine Schnecke um mich freite.

ORLANDO. Eine Schnecke?

ROSALINDE. Ja, eine Schnecke! Denn kommt solch ein Liebhaber gleich langsam, so trägt er doch sein Haus auf dem Kopfe; ein besseres Leibgedinge, denk ich, als Ihr einer Frau geben könnt. Außerdem bringt er sein Schicksal mit sich.

ORLANDO. Was ist das?

ROSALINDE. Ei, Hörner! wofür solche wie Ihr gern ihren Weibern verpflichtet sein mögen. Aber er kommt mit seinem Lose ausgerüstet und verhütet den üblen Ruf seiner Frau.

ORLANDO. Tugend dreht keine Hörner, und meine Rosalinde ist tugendhaft.

ROSALINDE. Und ich bin Eure Rosalinde.

CELIA. Es beliebt ihm, Euch so zu nennen: aber er hat eine Rosalinde von zarterer Farbe als Ihr.

ROSALINDE. Kommt, freit um mich, freit um mich, denn ich bin jetzt in einer Festtagslaune und könnte wohl einwilligen. – Was würdet Ihr zu mir sagen, wenn ich Eure rechte, rechte Rosalinde wäre?

ORLANDO. Ich würde küssen, ehe ich spräche.

ROSALINDE. Nein, Ihr tätet besser, erst zu sprechen, und wenn Ihr dann stocktet, weil Ihr nichts mehr wüsstet, nähmt Ihr Gelegenheit zu küssen. Gute Redner räuspern sich, wenn sie aus dem Text kommen, und wenn Liebhabern (was Gott verhüte!) der Stoff ausgeht, so ist der schicklichste Behelf zu küssen.

ORLANDO. Wenn nun der Kuss verweigert wird?

ROSALINDE. So nötigt sie Euch zum Bitten, und das gibt neuen Stoff.

ORLANDO. Wer könnte wohl stocken, wenn er vor seiner Liebsten steht?

ROSALINDE. Wahrlich, das solltet Ihr, wenn ich Eure Liebste wäre, sonst müsste ich meine Tugend für stärker halten als meinen Witz.[64] Bin ich nicht Eure Rosalinde?

ORLANDO. Es macht mir Freude, Euch so zu nennen, weil ich gern von ihr sprechen mag.

ROSALINDE. Gut, und in ihrer Person sage ich: ich will Euch nicht.

ORLANDO. So sterbe ich in meiner eignen Person.

ROSALINDE. Mitnichten, verrichtet es durch einen Anwalt. Die arme Welt ist fast sechstausend Jahr alt, und die ganze Zeit über ist noch kein Mensch in eigner Person gestorben, nämlich in Liebessachen. Dem Troilus wurde das Gehirn von einer griechischen Keule zerschmettert; doch tat er, was er konnte, um vorher noch zu sterben, und er ist eins von den Mustern der Liebe. Leander, der hätte noch manches schöne Jahr gelebt, wär' Hero gleich Nonne geworden, wenn eine heiße Sommernacht es nicht getan hätte: denn der arme Junge, er ging nur hin, um sich im Hellespont zu baden, bekam den Krampf und ertrank, und die albernen Chronikenschreiber seiner Zeit befanden, es sei Hero von Sestos. Doch das sind lauter Lügen: die Menschen sind von Zeit

---

64 Es folgt: ORLANDO. *What, out of your wit?* ROSALIND. *Not out of your apparel, and yet out of your suit.* Schwer übersetzbares Wortspiel, das um die Begriffe »Kleidung/Werbung« kreist.

zu Zeit gestorben, und die Würmer haben sie verzehrt, aber nicht aus Liebe.

ORLANDO. Ich möchte meine rechte Rosalinde nicht so gesinnt wissen, denn ich beteure, ihr Stirnrunzeln könnte mich töten.

ROSALINDE. Bei dieser Hand! es tötet keine Fliege. Aber kommt, nun will ich Eure Rosalinde in einer gutwilligeren Stimmung sein, und bittet von mir, was Ihr wollt, ich will es zugestehn.

ORLANDO. So liebt mich, Rosalinde.

ROSALINDE. Ja, das will ich, freitags, sonnabends und so weiter.

ORLANDO. Und willst du mich haben?

ROSALINDE. Ja, und zwanzig solcher.

ORLANDO. Was sagst du?

ROSALINDE. Seid Ihr nicht gut?

ORLANDO. Ich hoff es.

ROSALINDE. Nun denn, kann man des Guten zuviel haben? – Kommt, Schwester, Ihr sollt der Priester sein, um uns zu trauen. – Gebt mir Eure Hand, Orlando. – Was sagt Ihr, Schwester?

ORLANDO. Bitte, trau uns.

CELIA. Ich weiß die Worte nicht.

ROSALINDE. Ihr müsst anfangen: »Wollt Ihr, Orlando –«

CELIA. Schon gut. – Wollt Ihr, Orlando, gegenwärtige Rosalinde zum Weibe haben?

ORLANDO. Ja.

ROSALINDE. Gut, aber wann?

ORLANDO. Nun, gleich; so schnell sie uns trauen kann.

ROSALINDE. So müsst Ihr sagen: »Ich nehme dich, Rosalinde, zum Weibe.«

ORLANDO. Ich nehme dich, Rosalinde, zum Weibe.

ROSALINDE. Ich könnte nach Eurem Erlaubnisschein fragen, doch – Ich nehme dich, Orlando, zu meinem Manne. Da kommt ein Mädchen dem Priester zuvor, und wirklich, Weibergedanken eilen immer ihren Handlungen voraus.

ORLANDO. Das tun alle Gedanken, sie sind beflügelt.

ROSALINDE. Nun sagt mir, wie lange wollt Ihr sie haben, nachdem Ihr ihren Besitz erlangt?

ORLANDO. Immerdar und einen Tag.

ROSALINDE. Sagt, einen Tag, und lasst immerdar weg. Nein, nein, Orlando! Männer sind Mai, wenn sie freien, und Dezember in der Ehe. Mädchen sind Frühling, solange sie Mädchen sind, aber der Himmel verändert sich, wenn sie Frauen werden. Ich will eifersüchtiger auf dich sein als ein Turteltauber auf sein Weibchen, schreiichter als ein Papagei, wenn es regnen will, grillenhafter als ein Affe und ausgelassener in Gelüsten als eine Meerkatze. Ich will um nichts weinen, wie Diana am Springbrunnen, und das will ich tun, wenn du zur Lustigkeit gestimmt bist; ich will lachen wie eine Hyäne, und zwar wenn du zu schlafen wünschest.

ORLANDO. Aber wird meine Rosalinde das tun?

ROSALINDE. Bei meinem Leben, sie wird es machen wie ich.

ORLANDO. Oh, sie ist aber klug.

ROSALINDE. Sonst hätte sie nicht den Witz dazu. Je klüger, desto verkehrter. Versperrt dem Witz eines Weibes die Türen, so muss er zum Fenster hinaus; macht das zu, so fährt er aus dem Schlüsselloch; verstopft das, so fliegt er mit dem Rauch aus dem Schornstein.

ORLANDO. Ein Mann, der eine Frau mit so viel Witz hätte, könnte fragen: »Witz, wo willst du mit der Frau hin?«

ROSALINDE. Nein, das könntet Ihr versparen, bis Ihr den Witz Eurer Frau auf dem Wege zu Eures Nachbars Bett anträft.

ORLANDO. Welcher Witz hätte Witz genug, das zu entschuldigen?

ROSALINDE. Nun, etwa: – sie ginge hin, Euch dort zu suchen. Ihr werdet sie nie ohne Antwort ertappen, Ihr müsstet sie denn ohne Zunge antreffen. Oh, die Frau, die ihre Fehler nicht ihrem Manne zum Vorteil deuten kann[65], die lasst nie ihr Kind säugen; sie würde es albern großziehn.

ORLANDO. Auf die nächsten zwei Stunden, Rosalinde, verlasse ich dich.

ROSALINDE. Ach, geliebter Freund, ich kann dich nicht zwei Stunden entbehren.

ORLANDO. Ich muss dem Herzoge beim Mittagsessen aufwarten. Um zwei Uhr bin ich wieder bei dir.

ROSALINDE. Ja, geht nur, geht nur! Das sah ich wohl von Euch voraus, meine Freunde sagten mir's, und ich dacht' es ebenfalls, – Eure Schmeichelzunge gewann mich – es ist nur eine Verstoßne – und also: komm, Tod! – Zwei Uhr ist Eure Stunde?

ORLANDO. Ja, süße Rosalinde.

ROSALINDE. Bei Treu und Glauben, und in vollem Ernst, und so mich der Himmel schirme, und bei allen arti-

---

65 *O that woman that cannot make her fault her husband's occasion* (Oh, die Frau, die ihren Fehltritt nicht ihrem Mann anzulasten vermag!)

gen Schwüren, die keine Gefahr haben: brecht Ihr ein Pünktchen Eures Versprechens, oder kommt nur eine Minute nach der Zeit, so will ich Euch für den feierlichsten Wortbrecher halten und für den falschesten Liebhaber und den Allerunwürdigsten derer, die Ihr Rosalinde nennt, welcher nur aus dem großen Haufen der Ungetreuen ausgesucht werden konnte. Darum hütet Euch vor meinem Urteil und haltet Euer Versprechen.

ORLANDO. So heilig, als wenn du wirklich meine Rosalinde wärst. Leb denn wohl!

ROSALINDE. Gut, die Zeit ist der alte Richter, der solche Verbrecher ans Licht zieht, und die Zeit muss es ausweisen. Lebt wohl!

(Orlando ab.)

CELIA. Du hast unserm Geschlecht in deinem Liebesgeschwätz geradezu übel mitgespielt. Wir müssen dir Hosen und Wams über den Kopf ziehn, damit die Welt sieht, was der Vogel gegen sein eignes Nest getan hat.

ROSALINDE. O Mühmchen! Mühmchen! Mühmchen! mein artiges kleines Mühmchen! wüsstest du, wieviel Klafter tief ich in Liebe versenkt bin! Aber es kann nicht ergründet werden: meine Zuneigung ist grundlos wie die Bucht von Portugal.

CELIA. Sag lieber, bodenlos; so viel Liebe du hineintust, sie läuft alle wieder heraus.

ROSALINDE. Nein, der boshafte Bastard der Venus, der vom Gedanken erzeugt, von der Grille empfangen und von der Tollheit geboren wurde, der blinde schelmische Bube, der jedermanns Augen betört, weil er selbst keine mehr hat, der mag richten, wie tief ich in der Liebe stecke. – Ich sage dir, Aliena, ich kann nicht ohne Orlandos Anblick sein; ich will Schatten suchen und seufzen, bis er kommt.

CELIA. Und ich will schlafen.

(Beide ab.)

Zweite Szene

Ein andrer Teil des Waldes.
Jaques und Edelleute des Herzogs in Jägerkleidung
treten auf.

JAQUES. Wer ist's, der den Hirsch erlegt?

ERSTER EDELMANN. Ich tat es, Herr.

JAQUES. Lasst uns ihn dem Herzog vorstellen, wie einen römischen Eroberer, und es schickte sich wohl, ihm das Hirschgeweih wie einen Siegeskranz aufzusetzen. Habt Ihr kein Lied, Jäger, auf diese Gelegenheit?

ZWEITER EDELMANN. O ja, Herr.

JAQUES. Singt es; es ist gleichviel, ob ihr Ton haltet, wenn es nur Lärm genug macht.

Lied

ERSTE STIMME.
      Was kriegt er, der den Hirsch erlegt?

ZWEITE STIMME.
      Sein ledern Kleid und Horn er trägt.

ERSTE STIMME.
      Drum singt ihn heim:
      Ohn' allen Zorn trag du das Horn,
      Ein Helmschmuck war's, eh' du geborn,

*(Dieser Zuruf wird im Chor von den übrigen
wiederholt.)*[66]

ERSTE STIMME.
> Dein's Vaters Vater führt' es.

ZWEITE STIMME.
> Und deinen Vater ziert' es.

ALLE. Das Horn, das Horn, das wackre Horn
> Ist nicht ein Ding zu Spott und Zorn. *(Ab.)*

Dritte Szene

Rosalinde und Celia treten auf.

ROSALINDE. Was sagt Ihr nun? Ist nicht zwei Uhr vorbei?
Und kein Orlando zu sehen!

CELIA. Ich stehe dir dafür, mit reiner Liebe und verwirrtem
Gehirn hat er seinen Bogen und Pfeile genommen und
ist ausgegangen – zu schlafen. Seht, wer kommt da?
(Silvius tritt auf.)

SILVIUS. An Euch geht meine Botschaft, schöner Jüngling. –
Dies hieß mich meine Phöbe übergeben;
Ich weiß den Inhalt nicht: doch, wie ich riet
Aus finstrer Stirn und zorniger Gebärde,
Die sie gemacht hat, während sie es schrieb,
So muss es zornig lauten; mir verzeiht,
Denn ich bin schuldlos Bote nur dabei.

---

66 *The rest shall bear this burden.* In der Folio ist dieser Satz Bestand-
teil des Liedes: »Drum sing ihn heim. Der Rest soll diese Last
(= das Horn) tragen.«

ROSALINDE. Bei diesem Briefe müsste die Geduld
 Selbst sich empören und den Lärmer spielen;
 Wer das hier hinnimmt, der nimmt alles hin.
 Sie sagt, ich sei nicht schön, sei ungezogen,
 Sie nennt mich stolz und könne mich nicht lieben,
 Wenn Männer selten wie der Phönix wären.
 Ihr Herz ist auch[67] der Hase, den ich jage:
 Potz alle Welt! was schreibt sie so an mich?
 Hört, Schäfer, diesen Brief habt Ihr erdacht.
SILVIUS. Nein, ich beteur', ich weiß vom Inhalt nicht.
 Sie schrieb ihn selbst.
ROSALINDE.   Geht, geht! Ihr seid ein Narr,
 Den Liebe bis aufs äußerste gebracht.
 Ich sah wohl ihre Hand: sie ist wie Leder,
 'ne sandsteinfarbne Hand; ich glaubte in der Tat,
 Sie hätte ihre alten Handschuh' an,
 Doch waren's ihre Hände – sie hat Hände
 Wie eine Bäu'rin –, doch das macht nichts aus;
 Ich sage, nie erfand sie diesen Brief:
 Hand und Erfindung ist von einem Mann.
SILVIUS. Gewiss, er ist von ihr.
ROSALINDE. Es ist ein tobender und wilder Stil,
 Ein Stil für Raufer; wie ein Türk' dem Christen,
 So trotzt sie mir: ein weibliches Gehirn
 Kann nicht so riesenhafte Dinge zeugen,
 So Äthiopsche Worte, schwärzern Sinns,
 Als wie sie aussehn. – Wollt Ihr selber hören?
SILVIUS.
 Wenn's Euch beliebt; noch hört' ich nicht den Brief,
 Doch schon zu viel von Phöbes Grausamkeit.

67 *not* (nicht).

ROSALINDE.

> Sie phöbet mich: hör an, wie die Tyrannin schreibt.
>
> *(Liest.)* »Bist du Gott im Hirtenstand,
> Der ein Mädchenherz entbrannt?«

Kann ein Weib so höhnen?

SILVIUS. Nennt Ihr das höhnen?

ROSALINDE. »Des verborgne Götterschaft
> Qual in Weiberherzen schafft?«

Hörtet Ihr je solches Höhnen?

> »Männer mochten um mich werben,
> Nimmer bracht' es mir Verderben.«

Als wenn ich ein Tier wäre.

> »Wenn deiner lichten Augen Hohn
> Erregte solche Liebe schon:
> Ach, wie müsst' ihr milder Schein
> Wunderwirkend in mir sein!
> Da du schaltest, liebt' ich dich:
> Bätest du, was täte ich?
> Der mein Lieben bringt zu dir,
> Kennt dies Lieben nicht in mir.
> Gib ihm denn versiegelt hin,
> Ob dein jugendlicher Sinn
> Nimmt das treue Opfer an
> Von mir und allem, was ich kann.
> Sonst schlag durch ihn mein Bitten ab,
> Und dann begehr ich nur ein Grab.«

SILVIUS. Nennt Ihr das Schelten?

CELIA. Ach, armer Schäfer!

ROSALINDE. Habt Ihr Mitleid mit ihm? Nein, er verdient kein Mitleid. – Willst du solch ein Weib lieben? – Was? dich zum Instrument zu machen, worauf man falsche

Töne spielt? Nicht auszustehn! – Gut, geht Eures Weges
zu ihr (denn ich sehe, die Liebe hat einen zahmen Wurm
aus dir gemacht) und sagt ihr dies: Wenn sie mich liebt,
befehle ich ihr an, dich zu lieben; wenn sie nicht will, so
habe ich nichts mit ihr zu tun, es sei denn, dass du für sie
bittest. – Wenn Ihr wahrhaft liebt, fort und keine Silbe
mehr, denn hier kommt jemand.

(Silvius ab. Oliver tritt auf.)

OLIVER. Guten Morgen, schöne Kinder! Wisst Ihr nicht,
    Wo hier im Wald herum 'ne Schäferei
    Beschattet von Olivenbäumen steht?

CELIA. Westwärts von hier, den nahen Grund hinunter,
    Bringt Euch die Reih' von Weiden längs dem Bach,
    Lasst Ihr sie rechter Hand, zum Orte hin.
    Allein um diese Stunde hütet sich
    Die Wohnung selber, es ist niemand drin.

OLIVER. Wenn eine Zung', ein Auge kann belehren,
    Müsst ich Euch kennen, der Beschreibung nach:
    Die Tracht, die Jahre so. »Der Knab' ist blond,
    Von Ansehn weiblich, und er nimmt sich aus
    Wie eine reife Schwester; doch das Mädchen
    Ist klein und brauner als ihr Bruder.« Seid Ihr
    Des Hauses Eigner nicht, das ich erfragt?

CELIA. Weil Ihr uns fragt: ja, ohne Prahlerei.

OLIVER. Orlando grüßt Euch beide, und er schickt
    Dem Jüngling, den er seine Rosalinde
    Zu nennen pflegt, dies blut'ge Tuch. Seid Ihr's?

ROSALINDE. Ich bin's. Was will er uns damit bedeuten?

OLIVER. Zu meiner Schand' etwas, erfahrt Ihr erst,
    Was für ein Mensch ich bin, und wo und wie
    Dies Tuch befleckt ward.

CELIA. Sagt, ich bitt Euch drum.

OLIVER. Da jüngst Orlando sich von Euch getrennt,
Gab er sein Wort, in einer Stunde wieder
Zurück zu sein; und schreitend durch den Wald,
Käut' er die Kost der süß und bittern Liebe. –
Seht, was geschah! Er warf sein Auge seitwärts,
Und denkt, was für ein Gegenstand sich zeigt!
Am alten Eichbaum mit bemoosten Zweigen,
Den hohen Gipfel kahl von dürrem Alter,
Lag ein zerlumpter Mann, ganz überhaart,
Auf seinem Rücken schlafend; um den Hals
Wand eine grün und goldne Schlange sich,
Die mit dem Kopf, zu Drohungen behend,
Dem offnen Munde nahte; aber schnell,
Orlando sehend, wickelt sie sich los
Und schlüpft im Zickzack gleitend in den Busch.
In dessen Schatten hatte eine Löwin,
Die Euter ausgesogen, sich gelagert,
Den Kopf am Boden, katzenartig lauernd,
Bis sich der Schläfer rührte; denn es ist
Die königliche Weise dieses Tiers,
Auf nichts zu fallen, was als tot erscheint.
Dies sehend, naht' Orlando sich dem Mann,
Und fand, sein Bruder war's, sein ältster Bruder.

CELIA. O, von dem Bruder hört' ich wohl ihn sprechen,
Und als den Unnatürlichsten, der lebte,
Stellt' er ihn vor.

OLIVER. Und konnt' es auch mit Recht,
Denn gar wohl weiß ich, er war unnatürlich.

ROSALINDE. Orlando aber? – Ließ er ihn zum Raub
Der hungrigen und ausgesognen Löwin?

OLIVER. Zweimal wandt' er den Rücken und gedacht' es.
    Doch Milde, edler als die Rache stets,
    Und die Natur, der Lockung überlegen,
    Vermochten ihn, die Löwin zu bekämpfen,
    Die baldigst vor ihm fiel. Bei diesem Strauß
    Erwacht' ich von dem unglücksel'gen Schlummer.

CELIA. Seid *Ihr* sein Bruder?

ROSALINDE.   Hat er *Euch* gerettet?

CELIA. Ihr wart es, der so oft ihn töten wollte?

OLIVER. Ich war's, doch bin ich's nicht: ich scheue nicht
    Zu sagen, wer ich war; da die Bekehrung
    So süß mich dünkt, seit ich ein andrer bin.

ROSALINDE. Allein das blut'ge Tuch?

OLIVER.   Im Augenblick,
    Da zwischen uns, vom ersten bis zum letzten,
    Nun Tränen die Berichte mild gebadet,
    Wie ich gelangt an jenen wüsten Platz:
    Geleitet' er mich zu dem edlen Herzog,
    Der frische Kleidung mir und Speise gab,
    Der Liebe meines Bruders mich empfehlend,
    Der mich sogleich in seine Höhle führte.
    Er zog sich aus, da hatt' ihm hier am Arm
    Die Löwin etwas Fleisch hinweggerissen,
    Das unterdes geblutet; er fiel in Ohnmacht
    Und rief nach Rosalinden, wie er fiel.
    Ich bracht' ihn zu sich selbst, verband die Wunde;
    Und da er bald darauf sich stärker fühlte,
    Hat er mich hergesandt, fremd wie ich bin,
    Dies zu berichten, dass Ihr ihm den Bruch
    Des Wortes mögt verzeihn; und dann dies Tuch,
    Mit seinem Blut gefärbt, dem jungen Schäfer

Zu bringen, den er seine Rosalinde
Im Scherz zu nennen pflegt.
(Rosalinde fällt in Ohnmacht.)

CELIA. Was gibt es, Ganymed? mein Ganymed?

OLIVER. Wenn manche Blut sehn, fallen sie in Ohnmacht.

CELIA. Ach, dies bedeutet mehr! – Mein Ganymed!

OLIVER. Seht, er kommt wieder zu sich.

ROSALINDE. Ich wollt', ich wär' zu Haus.

CELIA. Wir führen dich dahin. –
Ich bitt Euch, wollt Ihr unterm Arm ihn fassen?

OLIVER. Fasst nur Mut, junger Mensch! – Ihr ein Mann? –
Euch fehlt ein männlich Herz.

ROSALINDE. Das tut es, ich gesteh's. Ach, Herr, jemand
könnte denken, das hieße sich recht verstellen. Ich bitte
Euch, sagt Eurem Bruder, wie gut ich mich verstellt habe. – Ah! ha!

OLIVER. Das war keine Verstellung: Eure Farbe legt ein zu
starkes Zeugnis ab, dass es eine ernstliche Gemütsbewe-
gung war.

ROSALINDE. Verstellung, ich versichre Euch.

OLIVER. Gut also, fasst ein Herz und stellt Euch wie ein
Mann.

ROSALINDE. Das tu ich, aber von Rechts wegen hätte ich
ein Weib werden sollen.

CELIA. Kommt, Ihr seht immer blässer und blässer; ich bitte Euch, nach Hause. – Lieber Herr, geht mit uns.

OLIVER. Gern, denn ich muss ja meinem Bruder melden,
Wie weit Ihr ihn entschuldigt, Rosalinde.

ROSALINDE. Ich will etwas ausdenken; aber ich bitte Euch,
rühmt ihm meine Verstellung. – Wollt Ihr gehn?
(Alle ab.)

Fünfter Akt

Erste Szene

Der Wald.
Probstein und Käthchen kommen.

PROBSTEIN. Wir werden die Zeit schon finden, Käthchen.
Geduld, liebes Käthchen!

KÄTHCHEN. Wahrhaftig, der Pfarrer war gut genug, was
auch der alte Herr sagen mochte.

PROBSTEIN. Ein abscheulicher Ehrn Olivarius, Käthchen,
ein entsetzlicher Textdreher. Aber, Käthchen, da ist ein
junger Mensch hier im Walde, der Anspruch auf dich
macht.

KÄTHCHEN. Ja, ich weiß, wer es ist: er hat in der Welt
nichts an mich zu fordern. Da kommt der Mensch, den
Ihr meint.
(Wilhelm kommt.)

PROBSTEIN. Es ist mir ein rechtes Labsal, so einen Tölpel
zu sehen. Meiner Treu, wir, die mit Witz gesegnet sind,
haben viel zu verantworten. Wir müssen necken, wir
können's nicht lassen.

WILHELM. Guten Abend, Käthchen.

KÄTHCHEN. Schönen guten Abend, Wilhelm.

WILHELM. Und Euch, Herr, einen guten Abend.

PROBSTEIN. Guten Abend, lieber Freund. Bedeck den
Kopf! bedeck den Kopf! Nun, sei so gut, bedeck dich!
Wie alt seid Ihr, Freund?

WILHELM. Fünfundzwanzig, Herr.

PROBSTEIN. Ein reifes Alter. Ist dein Name Wilhelm?

WILHELM. Wilhelm, Herr.

PROBSTEIN. Ein schöner Name. Bist hier im Walde geboren?

WILHELM. Ja, Herr, Gott sei Dank.

PROBSTEIN. »Gott sei Dank« – eine gute Antwort. Bist reich?

WILHELM. Nun, Herr, so, so.

PROBSTEIN. »So, so«, ist gut, sehr gut, ganz ungemein gut – nein, doch nicht, es ist nur so so. Bist du weise?

WILHELM. Ja, Herr, ich hab einen hübschen Verstand.

PROBSTEIN. Ei, wohl gesprochen! Da fällt mir ein Sprichwort ein: »Der Narr hält sich für weise, aber der Weise weiß, dass er ein Narr ist.« Wenn der heidnische Philosoph Verlangen trug, Weinbeeren zu essen, so öffnete er die Lippen, indem er sie in den Mund steckte; damit wollte er sagen, Weinbeeren wären zum Essen gemacht und Lippen zum Öffnen. Ihr liebt dieses Mädchen?

WILHELM. Das tu ich, Herr.

PROBSTEIN. Gebt mir Eure Hand. Bist du gelehrt?

WILHELM. Nein, Herr.

PROBSTEIN. So lerne dieses von mir: Haben ist haben, denn es ist eine Figur in der Redekunst, dass Getränk, wenn es aus einem Becher in ein Glas geschüttet wird, eines leer macht, indem es das andere anfüllt; denn alle unsre Schriftsteller geben zu: *ipse* ist *er*; Ihr seid aber nicht *ipse*, denn ich bin *er*.

WILHELM. Was für ein Er, Herr?

PROBSTEIN. Der Er, Herr, der dies Mädchen heiraten muss. Also, Ihr Tölpel, meidet – was in der Pöbelsprache heißt, verlasst – den Umgang – was auf bäurisch heißt, die Gesellschaft – dieser Frauensperson – was im gemeinen Leben heißt, Mädchen; welches alles zusammen heißt: meidet den Umgang dieser Frauensperson, oder, Tölpel, du kommst um; oder, damit du es besser verstehst, du stirbst: nämlich ich töte dich, schaffe dich aus der Welt, bringe dich vom Leben zum Tode, von der Freiheit zur Knechtschaft. Ich will dich mit Gift bedienen, oder mit Bastonaden, oder mit dem Stahl; ich will eine Partei gegen dich zusammenrotten, dich mit Politik[68] überwältigen, ich will dich auf hundertundfünfzig Arten umbringen: darum zittre und zieh ab.

KÄTHCHEN. Tu es, guter Wilhelm.

WILHELM. Gott erhalt' Euch guter Dinge, Herr. *(Ab.)*

(Corinnus kommt.)

CORINNUS. Unsre Herrschaft sucht Euch. Kommt! geschwind, geschwind!

PROBSTEIN. Lauf, Käthchen! Lauf, Käthchen! Ich komme nach, ich komme nach.

(Alle ab.)

Zweite Szene

Ebendaselbst.
Orlando und Oliver treten auf.

ORLANDO. Ist es möglich, dass Ihr auf so geringe Bekanntschaft Neigung zu ihr gefasst? Kaum saht Ihr sie, so liebtet Ihr; kaum liebtet Ihr, so warbt Ihr; kaum habt Ihr ge-

---

68 *policy* (List, Schläue); vgl. Anm. 63.

worben, so sagt sie auch ja? Und Ihr beharrt darauf, sie zu besitzen.

OLIVER. Macht Euch weder aus der Übereilung darin ein Bedenken, aus ihrer Armut, der geringen Bekanntschaft, meinem schnellen Werben, noch aus ihrem raschen Einwilligen: sondern sagt mit mir, ich liebe Aliena; sagt mit ihr, dass sie mich liebt; willigt mit beiden ein, dass wir einander besitzen mögen. Es soll zu Eurem Besten sein, denn meines Vaters Haus und alle Einkünfte des alten Herrn Roland will ich Euch abtreten und hier als Schäfer leben und sterben.

(Rosalinde kommt.)

ORLANDO. Ihr habt meine Einwilligung. Lasst Eure Hochzeit morgen sein, ich will den Herzog dazu einladen und sein ganzes frohes Gefolge. Geht und bereitet Aliena vor, denn seht Ihr, hier kommt meine Rosalinde.

ROSALINDE. Gott behüt'[69] Euch, Bruder.

OLIVER. Und Euch, schöne Schwester.

ROSALINDE. Oh, mein lieber Orlando, wie bekümmert es mich, dich dein Herz in einer Binde tragen zu sehn.

ORLANDO. Meinen Arm.

ROSALINDE. Ich dachte, dein Herz wäre von den Klauen eines Löwen verwundet worden.

ORLANDO. Verwundet ist es, aber von den Augen eines Fräuleins.

ROSALINDE. Hat Euch Euer Bruder erzählt, wie ich mich stellte, als fiel' ich in Ohnmacht, da er mir Euer Tuch zeigte?

ORLANDO. Ja, und größere Wunder als das.

69 *save* (errette).

ROSALINDE. Oh, ich weiß, wo Ihr hinauswollt. – Ja, es ist wahr, niemals ging noch etwas so schnell zu, außer etwa ein Gefecht zwischen zwei Widdern und Cäsars thrasonisches Geprahle: »Ich kam, sah und siegte.« Denn Euer Bruder und meine Schwester trafen sich nicht so bald, so sahen sie; sahen nicht so bald, so liebten sie; liebten nicht so bald, so seufzten sie; seufzten nicht so bald, so fragten sie einander nach der Ursache; wussten nicht so bald die Ursache, so suchten sie das Hilfsmittel; und vermittelst dieser Stufen haben sie eine Treppe zum Ehestande gebaut, die sie unaufhaltsam hinaufsteigen, oder unenthaltsam vor dem Ehestande sein werden. Sie sind in der rechten Liebeswut, sie wollen zusammen, man brächte sie nicht mit Keulen auseinander.

ORLANDO. Sie sollen morgen verheiratet werden, und ich will den Herzog zur Vermählung laden. Aber ach! welch bittres Ding ist es, Glückseligkeit nur durch andrer Augen zu erblicken. Um desto mehr werde ich morgen auf dem Gipfel der Schwermut sein, je glücklicher ich meinen Bruder schätzen werde, indem er hat, was er wünscht.

ROSALINDE. Wie nun? morgen kann ich Euch nicht statt Rosalindens dienen?

ORLANDO. Ich kann nicht länger von Gedanken leben.

ROSALINDE. So will ich Euch denn nicht länger mit eitlem Geschwätz ermüden. Wisst also von mir (denn jetzt rede ich nicht ohne Bedeutung), dass ich weiß, Ihr seid ein Edelmann von guten Gaben. Ich sage dies nicht, damit Ihr eine gute Meinung von meiner Wissenschaft fassen sollt, insofern ich sage: ich *weiß*, dass Ihr es seid; noch strebe ich nach einer größern Achtung, als die Euch einigermaßen Glauben ablocken kann, zu Eurem eignen

Besten, nicht zu meinem Ruhm. Glaubt denn, wenn's Euch beliebt, dass ich wunderbare Dinge vermag: seit meinem dritten Jahre hatte ich Verkehr mit einem Zauberer von der tiefsten Einsicht in seiner Kunst, ohne doch verdammlich zu sein. Wenn Euch Rosalinde so sehr am Herzen liegt, als Euer Benehmen laut bezeugt, so sollt Ihr sie heiraten, wann Euer Bruder Aliena heiratet. Ich weiß, in welche bedrängte Lage sie gebracht ist, und es ist mir nicht unmöglich, wenn Ihr nichts dagegen habt, sie Euch morgen vor die Augen zu stellen, leibhaftig und ohne Gefährde.

ORLANDO. Sprichst du in nüchternem Ernst?

ROSALINDE. Das tu ich bei meinem Leben, das ich sehr wert halte, sage ich gleich, dass ich Zauberei verstehe. Also werft Euch in Euren besten Staat, ladet Eure Freunde; denn wollt Ihr morgen verheiratet werden, so sollt Ihr's, und mit Rosalinden, wenn Ihr wollt.

(Silvius und Phöbe treten auf.)

Seht, da kommen Verliebte, die eine in mich und der andere in sie.

PHÖBE. Es war von Euch sehr unhold, junger Mann,
Den Brief zu zeigen, den ich an Euch schrieb.

ROSALINDE. Ich frage nichts danach, es ist mein Streben,
Verachtungsvoll und unhold Euch zu scheinen.
Es geht Euch da ein treuer Schäfer nach:
Ihn blickt nur an, ihn liebt, er huldigt Euch.

PHÖBE. Sag, guter Schäfer, diesem jungen Mann, was
lieben heißt.

SILVIUS. Es heißt, aus Seufzern ganz bestehn und Tränen,
Wie ich für Phöbe.

PHÖBE. Und ich für Ganymed.

ORLANDO. Und ich für Rosalinde.

ROSALINDE. Und ich für keine Frau.

SILVIUS. Es heißt, aus Treue ganz bestehn und Eifer,
    Wie ich für Phöbe.

PHÖBE. Und ich für Ganymed.

ORLANDO. Und ich für Rosalinde.

ROSALINDE. Und ich für keine Frau.

SILVIUS. Es heißt, aus nichts bestehn als Phantasie,
    Aus nichts als Leidenschaft, aus nichts als Wünschen,
    Ganz Anbetung, Ergebung und Gehorsam[70],
    Ganz Demut, ganz Geduld und Ungeduld,
    Ganz Reinheit, ganz Bewährung, ganz Gehorsam.
    Und so bin ich für Phöbe.

PHÖBE. Und so bin ich für Ganymed.

ORLANDO. Und so bin ich für Rosalinde.

ROSALINDE. Und so bin ich für keine Frau.

PHÖBE *(zu Rosalinden)*.
    Wenn dem so ist, was schmäht Ihr meine Liebe?

SILVIUS *(zu Phöbe)*.
    Wenn dem so ist, was schmäht Ihr meine Liebe?

ORLANDO.
    Wenn dem so ist, was schmäht Ihr meine Liebe?

ROSALINDE.
    Wem sagt Ihr das: »was schmäht Ihr meine Liebe?«

ORLANDO. Der, die nicht hier ist und die mich nicht hört.

ROSALINDE. Ich bitte Euch, nichts mehr davon: es ist, als
wenn die Wölfe gegen den Mond heulen. – *(Zu Silvius.)*
Ich will Euch helfen, wenn ich kann. – *(Zu Phöbe.)* Ich

---

70 *observance* (Achtung, Aufmerksamkeit, Ehrerbietung; so auch
   2 Zeilen weiter).

wollte Euch lieben, wenn ich könnte. – Morgen kommen wir alle zusammen. – *(Zu Phöbe.)* Ich will Euch heiraten, wenn ich je ein Weib heirate, und ich heirate morgen. – *(Zu Orlando.)* Ich will Euch Genüge leisten, wenn ich je irgendwem Genüge leistete, und Ihr sollt morgen verheiratet werden. – *(Zu Silvius.)* Ich will Euch zufriedenstellen, wenn das, was Euch gefällt, Euch zufriedenstellt, und Ihr sollt morgen heiraten. – *(Zu Orlando.)* So wahr Ihr Rosalinde liebt, stellt Euch ein – *(zu Silvius)* so wahr Ihr Phöbe liebt, stellt Euch ein – und so wahr ich kein Weib liebe, werde ich mich einstellen. Damit gehabt Euch wohl, ich habe Euch meine Befehle zurückgelassen.

SILVIUS. Ich bleibe nicht aus, wenn ich das Leben behalte.

PHÖBE. Ich auch nicht.

ORLANDO. Ich auch nicht.

(Alle ab.)

Dritte Szene

Ebendaselbst.
Probstein und Käthchen kommen.

PROBSTEIN. Morgen ist der frohe Tag, Käthchen; morgen heiraten wir uns.

KÄTHCHEN. Mich verlangt von ganzem Herzen danach, und ich hoffe, es ist kein unehrbares Verlangen, wenn mich verlangt, eine Frau wie andre auch zu werden. Hier kommen zwei von des verbannten Herzogs Pagen.

(Zwei Pagen kommen.)

ERSTER PAGE. Schön getroffen, wackrer Herr!

PROBSTEIN. Wahrhaftig, schön getroffen! Kommt, setzt
euch, setzt euch, und ein Lied.

ZWEITER PAGE. Damit wollen wir aufwarten: setzt Euch
zwischen uns.

ERSTER PAGE. Sollen wir frisch dran, ohne uns zu räuspern, oder auszuspeien, oder zu sagen, dass wir heiser
sind, womit man immer einer schlechten Stimme die
Vorrede hält?

ZWEITER PAGE. Gut! gut! und beide aus einem Tone, wie
zwei Zigeuner auf einem Pferde.

Lied

> Ein Liebster und sein Mädel schön,
> Mit heisa und ha und juchheisa trala:
> Die täten durch das Kornfeld gehn
> Zur Maienzeit, der lustigen Paarezeit,
> Wann Vögel singen, tirlirelirei:
> Süß Liebe liebt den Mai.

> Und zwischen Halmen auf dem Rain,
> Mit heisa und ha und juchheisa trala!
> Legt sich das hübsche Paar hinein
> Zur Maienzeit, der lustigen Paarezeit,
> Wann Vögel singen, tirlirelirei:
> Süß Liebe liebt den Mai.

> Sie sangen diese Melodei,
> Mit heisa und ha und juchheisa trala,
> Wie's Leben nur 'ne Blume sei
> Zur Maienzeit, der lustigen Paarezeit,
> Wann Vögel singen, tirlirelirei:
> Süß Liebe liebt den Mai.

So nutzt die gegenwärt'ge Zeit,
Mit heisa und ha und juchheisa trala!
Denn Liebe lacht im Jugendkleid
Zur Maienzeit, der lustigen Paarezeit,
Wann Vögel singen, tirlirelirei:
Süß Liebe liebt den Mai.

PROBSTEIN. Wahrhaftig, meine jungen Herrn, obschon
das Lied nicht viel sagen wollte, so war die Weise doch
sehr unmelodisch.

ERSTER PAGE. Ihr irrt Euch, Herr, wir hielten das Tempo,
wir haben die Zeit genau in Acht genommen.

PROBSTEIN. Ja, meiner Treu! ich könnte die Zeit auch besser in Acht nehmen, als ein solch albernes Lied anzuhö-
ren. Gott befohlen und er verleihe euch bessere Stim-
men. – Komm, Käthchen!
(Alle ab.)

Vierte Szene

Ein andrer Teil des Waldes.
Der Herzog, Amiens, Jaques, Orlando, Oliver und Celia
treten auf.

HERZOG. Und glaubst du denn, Orlando, dass der Knabe
Dies alles kann, was er versprochen hat?

ORLANDO. Zuweilen glaub ich's, und zuweilen nicht,
So wie, wer fürchtet, hofft, und weiß, er fürchte.
(Rosalinde, Silvius und Phöbe treten auf.)

ROSALINDE. Habt noch Geduld, indes wir den Vertrag
In Ordnung bringen. Herzog, Ihr erklärt,

Dass, wenn ich Eure Rosalinde stelle,
Ihr dem Orlando hier sie geben wollt?

HERZOG. Ja, hätt' ich Königreich' ihr mitzugeben.

ROSALINDE *(zu Orlando).*

Ihr sagt, Ihr wollt sie, wenn ich sie Euch bringe?

ORLANDO. Ja, wär' ich aller Königreiche König.

ROSALINDE *(zu Phöbe).*

Ihr sagt, Ihr wollt mich nehmen, wenn ich will?

PHÖBE. Das will ich, stürb' ich gleich die Stunde drauf.

ROSALINDE.

Wenn Ihr Euch aber weigert, mich zu nehmen,
Wollt Ihr Euch diesem treuen Schäfer geben?

PHÖBE. So ist der Handel.

ROSALINDE *(zu Silvius).*

Ihr sagt, wenn Phöbe will, wollt Ihr sie haben?

SILVIUS. Ja, wär' sie haben und der Tod auch eins.

ROSALINDE. Und ich versprach, dies alles auszugleichen.

O Herzog, haltet Wort, gebt Eure Tochter;
Orlando, haltet Eures, sie zu nehmen;
Ihr, Phöbe, haltet Wort, heiratet mich,
Wenn Ihr mich ausschlagt, ehlicht diesen Schäfer;
Ihr, Silvius, haltet Wort, heiratet sie,
Wenn sie mich ausschlägt; und von dannen geh ich,
Zu schlichten diese Zweifel.
(Rosalinde und Celia ab.)

HERZOG. An diesem Schäferknaben fallen mir
Lebend'ge Züge meiner Tochter auf.

ORLANDO. Mein Fürst, das erstemal, dass ich ihn sah,
Schien mir's, er sei ein Bruder Eurer Tochter.
Doch, lieber Herr, der Knab' ist waldgeboren
Und wurde unterwiesen in den Gründen

Verrufner Wissenschaft von seinem Oheim,
Den er als einen großen Zaubrer schildert,
Vergraben im Bezirke dieses Walds.
(Probstein und Käthchen kommen.)

JAQUES. Sicherlich ist eine neue Sündflut im Anzuge, und diese Paare begeben sich in die Arche. Da kommt ein Paar seltsamer Tiere, die man in allen Sprachen Narren nennt.

PROBSTEIN. Gruß und Empfehlung euch allen!

JAQUES. Werter Fürst, heißt ihn willkommen: das ist der scheckicht gesinnte Herr, den ich so oft im Walde antraf. Er schwört, er sei ein Hofmann gewesen.

PROBSTEIN. Wenn irgend jemand das bezweifelt, so lasst ihn mich auf die Probe stellen. Ich habe meine Menuett' getanzt, ich habe den Damen geschmeichelt, ich bin politisch[71] gegen meinen Freund gewesen und geschmeidig gegen meinen Feind, ich habe drei Schneider zugrunde gerichtet, ich habe vier Händel gehabt und hätte bald einen ausgefochten.

JAQUES. Und wie wurde der ausgemacht?

PROBSTEIN. Nun, wir kamen zusammen und fanden, der Handel stehe auf dem siebenten Punkt.

JAQUES. Wie, siebenten Punkt? – Lobt mir den Burschen, mein gnädiger Herr.

HERZOG. Er gefällt mir sehr.

PROBSTEIN. Gott behüt' Euch, Herr! ich wünsche das nämliche von Euch. Ich dränge mich hier unter die übrigen ländlichen Paare, zu schwören und zu verschwören, je nachdem der Ehestand bindet und Fleisch und Blut bricht. Eine arme Jungfer, Herr, ein übel aussehend Ding,

---

71 *politic* (hinterlistig); vgl. Anm. 63 und 68.

Herr, aber mein eigen: eine demütige Laune[72] von mir, Herr, zu nehmen, was sonst niemand will. Reiche Ehrbarkeit, Herr, wohnt wie ein Geizhals in einem armen Hause, wie eine Perle in einer garstigen Auster.

HERZOG. Meiner Treu, er ist sehr behende und spruchreich.

PROBSTEIN. Nach der Lehre vom Narrenbolzen, Herr, und was dergleichen süße Bitterkeiten mehr sind![73]

JAQUES. Aber der siebente Punkt! Wie fandet Ihr den Handel auf dem siebenten Punkt?

PROBSTEIN. Wegen einer siebenmal zurückgeschobnen Lüge. – Halt dich grade, Käthchen. – Nämlich so, Herr. Ich konnte den Schnitt von eines gewissen Hofmanns Bart nicht leiden; er ließ mir melden, wenn ich sagte, sein Bart wäre nicht gut gestutzt, so wäre er andrer Meinung: das nennt man den *höflichen Bescheid.* Wenn ich ihm wieder sagen ließ, er wäre nicht gut gestutzt, so ließ er mir sagen, er stutzte ihn für seinen eignen Geschmack: das nennt man den *feinen Stich.* Sagte ich noch einmal, er wäre nicht gut gestutzt, so erklärte er mich unfähig zu urteilen: das nennt man die *grobe Erwiderung.* Nochmals, er wäre nicht gut gestutzt, so antwortete er, ich spräche nicht wahr: das nennt man die *beherzte Abfertigung.* Nochmals, er wäre nicht gut gestutzt, so sagte er, ich löge: das nennt man den *trotzigen Widerspruch,* und so bis zur *bedingten Lüge* und zur *offenbaren Lüge.*

---

72 *a poor humour* (eine kümmerliche Laune).
73 Der Sinn ist unklar. Schlegel hat die Passage nicht übersetzt. Hier ist die Übersetzung von A. Schmidt abgedruckt.

JAQUES. Und wie oft sagtet Ihr, sein Bart wäre nicht gut gestutzt?

PROBSTEIN. Ich wagte nicht weiter zu gehn als bis zur bedingten Lüge, noch er, mir die offenbare Lüge zuzu-
schieben, und so maßen wir unsre Degen und schieden.

JAQUES. Könnt Ihr nun nach der Reihe die Grade nennen?

PROBSTEIN. O Herr, wir streiten wie gedruckt, nach dem
Buch, so wie man Sittenbüchlein hat. Ich will Euch die
Grade aufzählen. Der erste der höfliche Bescheid; der
zweite der feine Stich; der dritte die grobe Erwiderung;
der vierte die beherzte Abfertigung; der fünfte der trot-
zige Widerspruch; der sechste die Lüge unter Bedin-
gung; der siebente die offenbare Lüge. Aus allen diesen
könnt Ihr Euch herausziehen, außer der offenbaren Lüge, und aus der sogar, mit einem bloßen *Wenn*. Ich habe
erlebt, dass sieben Richter einen Streit nicht ausgleichen
konnten, aber wie die Parteien zusammenkamen, fiel
dem einen nur ein Wenn ein; zum Beispiel: »wenn Ihr *so*
sagt, so sage ich *so*«, und sie schüttelten sich die Hände
und machten Brüderschaft. Das Wenn ist der wahre
Friedensstifter; ungemeine Kraft in dem Wenn.

JAQUES. Ist das nicht ein seltner Bursch, mein Fürst? Er
versteht sich auf alles so gut und ist doch ein Narr.

HERZOG. Er braucht seine Torheit wie ein Stellpferd, um
seinen Witz dahinter abzuschießen.

*(Hymen, mit Rosalinde in Frauenkleidern an der Hand
und Celia treten auf. Feierliche[74] Musik.)*

HYMEN. Der ganze Himmel freut sich,
       Wenn ird'scher Dinge Streit sich

---

74 *still* (leise, gedämpft).

In Frieden endet.
Nimm deine Tochter, Vater,
Die Hymen, ihr Berater,
Vom Himmel sendet;
Dass du sie gebst in dessen Hand,
Dem Herz in Herz sie schon verband.

ROSALINDE *(zum Herzoge).*
Euch übergeb ich mich, denn ich bin Euer.
(Zu Orlando.)
Euch übergeb ich mich, denn ich bin Euer.

HERZOG. Trügt nicht der Schein, so seid Ihr meine Tochter.

ORLANDO.
Trügt nicht der Schein, so seid Ihr meine Rosalinde.

PHÖBE. Ist's Wahrheit, was ich seh,
Dann – meine Lieb', Ade!

ROSALINDE *(zum Herzog).*
Ich will zum Vater niemand, außer Euch.
(Zu Orlando.)
Ich will zum Gatten niemand, außer Euch.
(Zu Phöbe.)
Ich nehme nie ein Weib mir, außer Euch.

HYMEN. Still, die Verwirrung end ich,
Die Wunderdinge wend ich
Zum Schluss, der schön sich fügt.
Acht müssen Hand in Hand
Hier knüpfen Hymens Band,
Wenn nicht die Wahrheit lügt.
(Zu Orlando und Rosalinde.)
Euch und Euch trennt nie ein Leiden;
(Zu Oliver und Celia.)
Euch und Euch kann Tod nur scheiden;

(Zu Phöbe.)
Ihr müsst seine Lieb' erkennen,
Od'r ein Weib Gemahl benennen;
(Zu Probstein und Käthchen.)
Ihr und Ihr seid Euch gewiss
Wie der Nacht die Finsternis.
Weil wir Hochzeitchöre singen,
Fragt euch satt nach diesen Dingen:
Dass euer Staunen sei verständigt,
Wie wir uns trafen, und dies endigt.

Lied
Eh'stand ist der Juno Krone:
O sel'ger Bund von Tisch und Bett!
Hymen bevölkert jede Zone,
Drum sei die Eh' verherrlichet.
Preis, hoher Preis und Ruhm zum Lohne
Hymen, dem Gotte jeder Zone!

HERZOG. O liebe Nichte, sei mir sehr willkommen!
Als Tochter, nichts Geringres, aufgenommen.[75]

PHÖBE *(zu Silvius).*
Ich breche nicht mein Wort: du bist nun mein;
Mich nötigt deine Treue zum Verein.
(Jaques de Boys tritt auf.)

JAQUES DE BOYS. Verleiht für ein paar Worte mir Gehör:
Ich bin der zweite Sohn des alten Roland,
Der Zeitung diesem schönen Kreise bringt.
Wie Herzog Friedrich hörte, täglich strömten

---

75 *Even daughter, welcome, in no less degree* (Selbst als Tochter, willkommen, in nicht geringerem Maß).

Zu diesem Walde Männer von Gewicht,
Warb er ein mächtig Heer; sie brachen auf,
Von ihm geführt, in Absicht, seinen Bruder
Zu fangen hier und mit dem Schwert zu tilgen.
Und zu dem Saume dieser Wildnis kam er,
Wo ihm ein alter heil'ger Mann begegnet,
Der ihn nach einigem Gespräch bekehrt
Von seiner Unternehmung und der Welt.
Die Herrschaft lässt er dem vertriebnen Bruder,
Und die mit ihm Verbannten stellt er her
In alle ihre Güter. Dass dies Wahrheit,
Verbürg ich mit dem Leben.

HERZOG.   Willkommen, junger Mann!
Du steuerst kostbar zu der Brüder Hochzeit:
Dem einen vorenthaltne Länderein,
Ein ganzes Land, ein Herzogtum, dem andern.
Zuerst lasst uns in diesem Wald vollenden,
Was hier begonnen ward und wohl erzeugt;
Und dann soll jeder dieser frohen Zahl,
Die mit uns herbe Tag' und Näcbt' erduldet,
Die Wohltat unsers neuen Glückes teilen,
Wie seines Ranges Maß es mit sich bringt.
Doch jetzt vergesst die neue Herrlichkeit
Bei dieser ländlich frohen Lustbarkeit.
Spiel auf, Musik! – Ihr Bräutigam' und Bräute,
Schwingt euch zum Tanz im Überschwang der
                                        Freude.

JAQUES. Herr, mit Erlaubnis: – hab ich recht gehört,
So tritt der Herzog in ein geistlich Leben
Und lässt die Pracht des Hofes hinter sich?

JAQUES DE BOYS. Das tut er.

JAQUES. So will ich zu ihm: diese Neubekehrten,
    Sie geben viel zu hören und zu lernen.
    (Zum Herzoge.)
    Euch, Herr, vermach ich Eurer vor'gen Würde:
    Durch Tugend und Geduld verdient Ihr sie;
    (Zu Orlando.)
    Euch einer Liebsten, Eurer Treue wert;
    (Zu Oliver.)
    Euch Eurem Erb' und Braut und mächt'gen Freunden;
    (Zu Silvius.)
    Euch einem lang und wohlverdienten Eh'bett;
    (Zu Probstein.)
    Und Euch dem Zank; denn bei der Liebesreise
    Hast du dich auf zwei Monat nur versehn
    Mit Lebensmitteln. – Seid denn guter Dinge:
    Ich bin für andre als für Tänzersprünge.
HERZOG. Bleib, Jaques, bleib!
JAQUES. Zu keiner Lustbarkeit, – habt Ihr Befehle,
    So schickt sie mir in die verlassne Höhle. *(Ab.)*
HERZOG. Wohlan! wohlan! begeht den Feiertag,
    Beginnt mit Lust, was glücklich enden mag.
    (Ein Tanz.)

Epilog[76]

ROSALINDE. Es ist nicht hergebracht, die Frau als Epilog zu sehen: aber es ist nicht unziemlicher, als den Herrn als Prolog zu erblicken. Ist es wahr, dass der »gute Wein keines Kranzes bedarf«, so ist es auch wahr, dass ein gutes Stück keinen Epilog nötig hat: doch braucht man beim guten Wein gute Kränze, und gute Stücke werden durch gute Epiloge nur umso besser. In welcher Lage bin ich denn nun, da ich weder ein guter Epilog bin, noch auch wegen eines guten Stückes angenehm sein kann? Ich bin nicht wie ein Bettler gekleidet, darum würde mir Betteln nicht geziemen; was mir übrig bleibt, ist zu beschwören, und ich will mit den Frauen den Anfang machen. Ich beschwöre euch, o ihr Frauen, bei der Liebe, die ihr zu den Männern tragt, lasst euch von dem Stück so viel gefallen, als diese billigen. Und ich beschwöre euch, o ihr Männer, bei der Liebe, die ihr zu den Frauen tragt (und euer freundlich Gesicht sagt mir, keiner von euch hasst sie), dass, zwischen euch und den Frauen geteilt, das Stück gefallen möge. Wäre ich eine Frau, so wollte ich so viele von euch küssen, als Bärte hätten, die mir gefielen, Gesichter, die mir anständen, und einen Atem, der mir nicht zuwider wäre; und ich bin gewiss, alle, die gute Bärte, Antlitze und angenehmen Atem haben, werden für mein freundliches Anerbieten, indem ich meine Verbeugung mache, mir Lebewohl sagen. *(Ab.)*

---

76 Die Übersetzung des Epilogs stammt von Ludwig Tieck. Schlegel hatte ihn nicht übersetzt.

Zu dieser Ausgabe

Der heutige Text von *As You like It* geht auf die Folio-Edition von 1623, die erste Gesamtausgabe von Shakespeares Werken, zurück. Wegen dieser ziemlich unproblematischen Ausgangssituation bieten die modernen englischen Gesamt- und Einzelausgaben weitgehend identische Texte. Nur in der Frage, ob Vers oder Prosa, divergieren die Meinungen gelegentlich.

Grundlage der vorliegenden Edition ist die Übersetzung von August Wilhelm Schlegel in der Schlegel-Tieck-Baudissin-Ausgabe (letzter Hand) von 1843. Orthographie und Interpunktion wurden auf Grund der neuen amtlichen Rechtschreibregeln behutsam modernisiert; der originale Lautstand und grammatikalische Eigenheiten blieben gewahrt. Stellen, die Schlegel sinnwidrig übersetzte oder ausließ, erscheinen als Fußnoten im englischen Original und in möglichst wörtlicher Übersetzung des Herausgebers. Die Szenen- und Regiebemerkungen von Schlegel, die weitgehend auf dem Original fußen, wurden übernommen.

Der Text bietet daneben manche Passagen, die sowohl im Original als auch in Schlegels Übersetzung zu diskutieren wären. Dies kann jedoch nicht in dieser Ausgabe geschehen, die einen einfachen Lesetext bieten möchte. Für eine eingehendere Beschäftigung mit der Komödie sei auf die ausführlich kommentierte zweisprachige Ausgabe von Herbert Geisen und Dieter Wessels verwiesen (Reclams Universal-Bibliothek Nr. 7734).

As You Like It ist vermutlich 1599 entstanden. Das Datum ergibt sich daraus, dass das Stück in Frances Meres' *Palladis Tamia*, der Liste der bis 1598 erschienenen Shakespeare-Dramen, noch nicht enthalten, jedoch im Jahre 1600 mit einem Sperrvermerk (»blocking entry«) im Stationers' Register verzeichnet ist. Dieser Eintrag könnte auf eine Quarto-Ausgabe hindeuten, von der aber sonst nichts bekannt ist.

Die Hauptquelle für *As You Like It* ist der Schäferroman von Thomas Lodge mit dem Titel *Rosalynde. Euphues Golden Legacy,* der 1590 erstmals erschien und mehrere Auflagen erlebte. Shakespeare hat das Handlungsgerüst des Romans, der um den Gegensatz von höfischem und ländlichem Leben kreist, mehr oder weniger übernommen, aber auch Figuren wie die des Zynikers Jaques und des Clowns Probstein (Touchstone) hinzugefügt. Wichtiger ist jedoch, dass der Dramatiker das pastorale Geschehen stilistisch und formal völlig neu erfindet und gestaltet.

»Die Möglichkeiten und Grenzen eines alternativen Lebens in der Natur, der Wald von Arden als symbolischer Ort der Prüfung und Rehabilitation, das Verhältnis von Spiel und Realität, die Bedeutung der Liebe und der Geschlechterrollen für die eigene Identität« – so resümiert Ulrich Suerbaum in seinem *Shakespeare-Führer* (Reclam 2001; Reclams UB Nr. 17663) die Thematik des Stücks. Auf die psychologische Charakterisierung der Figuren kommt es Shakespeare diesmal weniger an, vielmehr liefert er eine lustvoll-virtuose Inszenierung, in der die Rollen auf atemberaubende Weise ausgespielt, relativiert, demontiert und vertauscht werden. Nicht von ungefähr steht in *Wie es euch gefällt* einer der berühmtesten Shakespeare-Sätze: »Die ganze Welt ist Bühne, / und alle Fraun und Männer bloße Spieler« (II,7). Für *As You Like It* sind diese Verse des Jaques Programm, und der Autor hat sich daran gehalten.

Die erste deutsche Übertragung von Johann Joachim Eschenburg erschien 1775. In Schlegels Version von 1799 hat sich das Stück auf den deutschen Bühnen durchgesetzt und bis heute gehalten. *Wie es euch gefällt* – der Titel verrät nichts vom Inhalt – gehört zu den beliebtesten, meistgespielten Komödien des Dramatikers. Mag auch die Schäferdichtung vergangen sein, der Wunsch der Menschen nach einer alternativen Lebensweise scheint eher stärker zu werden. Doch Shakespeare bleibt auch in dieser Hinsicht skeptisch.

DK